선종영가집 해설

良志　譯註
南靑　書畵

生 남청

【일러두기】

1. 선종영가집
    ㉮ 저본 :『禪宗永嘉集』(『大正藏』48, 387쪽. 중18.)
      〔원본〕增上寺報恩藏明本(1592),
      〔甲本〕寬永十一年刊大谷大學藏本(1634)
    ㉯ 참고본 :『禪宗永嘉集』(『한국불교전서』第7冊 170쪽 - 215쪽)
    ㉰『永嘉禪宗集註』卷1(『卍續藏』63, 282쪽. 중10.)
      明天台山幽溪沙門　傳燈　重編并註」

2. 註 宋石壁沙門 行靖註
3. 說誼 涵虛堂得通
4. * 와 ※ 표를 하여 해설을 함.

2

책을 해설하면서

『선종영가집』은 영가 현각(665?, 675-713)이 설한 것을 모아서 10단으로 唐慶州刺史魏靜述(당 경주자사 위정 술)이 편찬한 것이다.

『선종영가집』을 번역하고 해설을 한 것은 지금의 수행자들이 올바른 가치관을 가지고 수행을 하는가가 의심스럽고 많은 사람들이 종교(宗敎)라고 하는 신앙(信仰)에 빠져서 자신을 잃어버리고 누구를 추종만하고 자신은 금생(今生)에 이렇게 살다가 죽고 나서 내생(來生)에 행복하게 살수 있다는 이상한 윤회론에 빠져 영원불멸하는 영혼이나 성령이 실체로 존재한다고 믿고 자신이 영생(永生)한다고 착각하는 이들이 있기 때문이다.

『선종영가집』에서는 천태의 수행이 공가중(空假中)이라고 하면 천태의 공가중(空假中)에서 한발 더 나아가 성문, 연각, 보살의 수행을 하고 이사불이(理事不二)가 되기 때문에 『선종영가집』이 육조혜능의 법을 계승한 것이며 선종(禪宗)이라고 하는 것이다.

지금도 깨달음을 추구하는 이들은 공가중(空假中)에서 삼승(三乘)으로 나아가지 못하고 있는데 이것은 천태에서 주장하는 공가중(空假中)이나 지관쌍수(止觀雙修)에 머무는 것이 되므로 천태종의 수행이지 선종(禪宗)도 대승(大乘)도 아닌 것이 된다.

『선종영가집』에서는 출가하여 수행자로서 수행하는 법을 간략하게 10단으로 요약해 놓은 것이기 때문에 모든 수행자들이 수행의 좌표로 삼는 책인 것이다.

『선종영가집』은 영가 현각이 천태에서 출가하여 공가중(空

4

假中)의 수행을 하다가 육조 혜능을 친견한 이후로 천태를 뛰어넘어 삼승(三乘)에서 일승(一乘)으로 나아가 도반이자 천태의 8조인 좌계존자(左溪玄朗, 673-754)의 수행을 비판하였기 때문에 천태의 수행과 선종의 수행은 차이를 분명하게 알 수 있다.

『선종영가집』을 간경(看經)하고도 공가중(空假中)에만 머물러 있다고 하면 성문(聲聞)의 지위에도 도달하지 못한 것이기에 『금강경』에 있는 수다원(須陀洹)의 경지에 도달하지 못하였다고 할 수 있으므로 성인(聖人)이 아닌 것이 된다.

그리고 연각(緣覺)은 사다함(斯多含)이고, 보살(菩薩)은 아나함(阿那含)을 말하는 것이며, 아라한(阿羅漢)은 한도인(閑道人)을 말하는 것이라고 할 수 있고 삼승(三乘)에서 일승(一乘)으로 나아가는 대승의 가르침을 설한 책이라고 할 수 있다.

마지막에 발원문을 넣은 것은 한도인의 생활에서 불퇴전의 생활을 하기를 서원하는 것이며 천태에서 번역하고 편집을 한 것은 사라진 천태를 계승하고자하는 자신들의 아집이라고 생각 된다.

천태나 교단의 경우에는 교주가 있어야 하기 때문에 수많은 부작용이 있으므로 교주는 반드시 성자(聖者)가 되어야 신앙에 빠지는 문제를 해결할 수 있는 것이다

『선종영가집』을 다시 들여다보면 영가선사는 천태에서 출가하여 수행하였으나 혜능에게 인가받고 남종선을 계승한 것이고 『선종영가집』은 천태의 수행에서 한 단계 더 진보한 것으로 8조 좌계현랑(八祖 左溪玄朗, 673-754)과의 서신을 첨가하여 천태를 비판하고 있다.

그리고 『선종영가집』에서는 수행을 10단으로 나누어 설명하고 있는데 처음부분은 출가한 이유는 삼계(三界)의 고해(苦海)

를 벗어나기 위한 것으로 도(道)를 흠모하여 수행하고자하는 뜻을 세우고 위의(威儀)를 지켜서 수행하고자 하는 마음을 굳게 가져야 하는 것이다.

삼계(三界)의 고해(苦海)를 벗어나기 위해서 출가하였으면 먼저 선지식에게 묻고 배워서 예의와 격식을 지키고 자신의 본성을 찾기 위하여 교만하고 사치하는 마음을 없애야 한다.

교만하고 사치하는 마음을 없애기 위하여 삼업(三業)을 청정하게 하여 수행하여야 처음 출가한 뜻에 따라 삼계(三界)의 고해(苦海)를 벗어날 수 있게 된다.

삼업(三業)이 청정하게 되어야 본성이 나타나게 되는 것을 수행의 단계로 사마타(奢摩他)인 것이며 대상경계와 하나 되는 것을 자각하여야 하므로 위빠사나(毘婆舍那)라고 하며 이 둘은 서로 떨어지지 않아야 하므로 지관쌍수(止觀雙修)라고 하는 것이며 지관쌍수(止觀雙修)하여야 하기 때문에 우필차(優畢叉)라고 하고 있다.

이와 같이 수행하여 성문, 연각, 보살의 삼승에서 일승(一乘)으로 나아가야 하는 법을 7단에서 설하고 있다.

8단에서 이사불이(理事不二)는 중도(中道)까지도 초월한 몰종적을 말하는 것이기에 선(禪)의 생활이고 『영가집』을 『선종영가집』이라고 하는 것도 이것 때문이다.

9단에서는 소승의 수행자를 제도(濟度)하는 것으로 세속의 도리(道理)로 번뇌망념(煩惱妄念)으로 시끄러운 곳을 버리고 적정(寂靜)한 곳을 구하는 수행자(修行者)는 진여의 지혜로 살아가는 것과는 어긋난 것이 되지만 어디에서나 적정(寂靜)할 수 있다면 모든 사람들이 자신의 선지식(善知識)이 되고 좌도량(坐道場)이 아닌 곳이 없게 되어 만연구절(萬緣俱絶)하면 자연해탈(自然解脫)하여 만법(萬法)이 공(空)이라는 사실을 자각

6

하고 해탈하게 된다고 설하고 있다.

그러므로 망념(妄念)이 없으면 열반(涅槃)도 주장할 필요가 없으니 생멸(生滅)하지 않는 세계(常住)에서 진여의 지혜로 살아가게 되어 삼계에서 윤회한다는 것도 없게 되는 것이다.

10단 발원문에서는 자신이 불퇴전(不退轉)하기를 항상 서원(誓願)하는 것이고 불법(佛法)에 맞게 생활하려고 하면 계율을 어기지 않고 불보(佛寶)와 법보(法寶)에 귀의하여 승가(僧伽)로 진여와 화합하여 입전수수(入廛垂手)하며 살아가기를 서원(誓願)해야 하는 것이다.

삼보(三寶)에 귀의하고 일체중생을 제도(濟度)하고자 하는 서원(誓願)을 하는 것이며 모두가 금생(今生)에 정각(正覺)을 이루기를 서원(誓願)하는 것이지만 전지전능(全知全能)한 부처가 되기를 추구하지 않아야 한다는 것도 알아야 한다.

외도(外道)들의 유혹에 빠지지 않는 마음을 구족하여 정각(正覺)을 성취하고자하는 마음으로 정진(精進)하여 물러나지 않기를 서원(誓願)해야 하는 것이다.

경자년(庚子年) 양지(良志)

선종영가집(禪宗永嘉集)

목차

선종영가집(禪宗永嘉集)

禪宗永嘉集序(선종영가집서)

唐慶州刺史魏靜述(당 경주자사 위정 술)

聞夫, 慧門廣闢, 理絕色相之端, 覺路遙登, 跡晦名言之表.

悲夫, 能仁示現, 應化無方, 開妙典於三乘, 暢真詮於八部.

所以發揮至賾, 懸梵景於昏衢, 光闡大猷, 泛禪波於欲浪. 是以金棺揜耀, 玉毫收彩.

孤標靈鷲之英, 獨負成麟之業者, 其唯大師歟.

대체로 깨닫게 되어 혜문(慧門, 지혜문)이 넓게 열려서 본성(本性)으로 살아가면, 상(相)을 대상으로 차별 분별하는 색상(色相, 형상, 부처의 모습)이 없어지니, 각로(覺路, 보리의 길, 정각으로 살아가는 것, 진여의 지혜로 생활)에서 아주 멀리 올라가 언어문자로 안다는 생각조차도 없게 되는 것이다.

자비(慈悲)의 대장부이신(悲夫) 부처님(能人)께서는 중생을 교화하기 위하여 자비(慈悲)로 수시(垂示)설법을 중생의 근기(根機)에 맞게 어디에서나 묘전(妙典, 미묘법문, 법화경)을 삼승(三乘)에게 설법하셔서 팔부(八部, 八部衆)들도 참된 깨달음(眞詮)을 통달하게 하셨다.

그런 까닭에 심오한 도리를 발휘(發揮, 실력을 드러냄)하여 불법(佛法, 梵景)을 미혹한 중생세계에 공포하여 대도(大道)의 지혜를 열게 한 것은 선(禪)으로 욕망의 물결을 청정하게 하려고 하는 것이었다.

그리하여 금관(金棺)에서 곽시쌍부(槨示雙趺)하여 불법(佛法)을 (가섭에게) 계승하시고는 (열반하시고) 백호상(白毫相)에서 광명을 발휘하시는 것을 그만 두셨다.

고결한 지표(孤標)인 영축의 꽃잎(英)인 불법(佛法)을 홀로 짊어지고 불법(佛法)을 홍포(弘布)하며 자비를 실천하는 일을 하시는 이가 바로 영가(永嘉)대사(大師)이신 것이다.

※ 해설 : 지혜의 문을 넓게 열어 이사불이(理事不二)의 경지가 되는 것을 여러 가지로 설명을 하지만 이해하지 못하기 때문에 지혜의 문에 대하여 설명하면 지금 자신이 하고 있는 것을 자신이 아는 것을 지혜라고 하는 것인데 미혹한 중생들은 지금 자신이 하고 있는 것을 타인의 지식을 빌려서 알려고 하고 있기 때문에 미혹하다고 하고 있다.

지혜의 문을 여는 법은 자신을 바로 보는 것이고 진여의 지혜는 불법에 맞게 자신을 바로 보는 것이기 때문에 불법(佛法)은 너무나도 쉽다고 하는 것이다.

각로(覺路)에서 멀리 올라가 언어문자를 잊는다고 하는 것은 자신이 하고 있는 지금의 일을 타인의 지식인 언어문자로 알려고 하지 않고 안다고 하는 것도 없이 몰종적(沒蹤跡)으로 살아가기 때문에 아주 멀리 올라간다고 하는 것이다.

석가모니 부처님을 여기에서 말하고 있는 것은 차별을 두지 않고 제도(濟度)한다는 것을 강조하기 위한 것이고, 또 석존의 법을 계승(繼承)한 남종선(南宗禪)이 위대하다고 강조하며 천태에서 영가(永嘉)대사(大師)가 정법(正法)을 전승(傳承)했다고 하는 것이다.

大師俗姓戴氏, 永嘉人也, 少挺生知, 學不加思. 幼則遊心三藏, 長則通志大乘, 三業精勤, 偏弘禪觀, 境智俱寂, 定慧雙融.

逐使塵靜昏衢, 波澄玄海, 心珠道種, 瑩七淨以交輝.

戒月悲花, 耿三空而列耀, 加復霜松潔操, 水月虛襟, 布衣蔬食, 忘身為法, 愍傷含識, 物物斯安.

觀念相續, 心心靡間, 始終抗節, 金石方堅.

淺深心要, 貫花慚潔, 神徹言表, 理契寰中, 曲己推人, 順凡同聖.

則不起滅定, 而秉護四儀, 名重當時, 道扇方外, 三吳碩學, 輻輳禪階, 八表高人, 風趨理窟.

대사(大師)의 속성(俗姓)은 대(戴)씨(氏)이고 영가(永嘉)지역 출신으로 태어나면서부터 특출하여 한번 배우면 잊지 않고 바로 알았다.

어려서는 삼장(三藏, 경율론)에 마음을 두었으며 성장하여서는 대승(大乘)을 통달하려는 마음(본심)을 가지고 삼업(三業)을 청정하게 하려고 열심히 수행하고 선관(禪觀, 진여의 지혜로 관조)을 넓히니 대상경계와 지혜(境智)가 모두 적정(寂靜)하게 되어 정혜(定慧)가 모두 원융하게 되었다.

마침내 중생세계의 번뇌 망념인 육진(六塵)이 청정(淸淨)하게 되어 현해(玄海, 진리의 세계, 佛性, 自性, 本性)의 육근(六根)이 청정하게 되니 심주(心珠, 마니보주, 여의주)인 도종(道種, 성불할 수 있는 佛道의 근본)으로 수행하여 육식(六識)의 밝은 칠정화(七淨華)가 서로 빛나게 되었다.

항상 계율을 청정하게 본심으로 지키며(戒月) 자비를 실천(悲花)하여 삼공(三空; 我空·法空·俱空, 三解脫門 : 공(空, 아공 법공)해탈문·무상(無相)해탈문·무원(無願)해탈문)을 명백하게 알고 과시하지 않으니 더욱더 서리 맞은 소나무(霜松)처럼 고결하고 청순한 절조(節操, 절개와 지조)와 수월(水月, 물에 비친 달)과 같은 겸허한 마음으로 검소하고 소박한 생활을 하며 육신에 대한 집착을 하지 않고 불법(佛法)을 구하여, 모든 중생들의 슬픔을 자신의 고통처럼 근심하며 물물(物物)이 모두 부처로서 안락하다는 것을 깨달으시게 되었던 것이다.

관념(觀念, 稱念, 진여로 관조)이 상속(相續)하여 진여의 지혜로 살아가니 심심(心心, 심과 심소, 전후의 마음)이 차이가 없고 처음부터 끝까지(始終) 절조를 지키며 망념에 굴복하지 않는 것이 금석(金石)과 같이 견고하셨다.

천심(淺深)의 중생을 제도(濟度)하는 지극한 법문은 관화(貫花, 경의 게송)가 부끄러워할 정도로 정결(淨潔)하였으니 진여의 지혜로 철저(徹底)하게 파악하여(神徹) 설법하는 것은, 언어문자를 벗어난 법문(言表)으로 불성(佛性)과 계합하여 환중(實中, 理事不二, 진여의 지혜)과 같았으며 자신을 낮추고 타인을 추천(推薦)하며, 세속에 범부들과 같이 살지만 진여의 지혜로 살아가는 것은 성자와 동일(同一)하셨다.

즉 멸진정(滅盡定)에서 나오지 않고 불법을 호지(護持)하여 사위의(四威儀, 행주좌와)를 행하니 그 당시에 명성(名聲)이 귀중(貴重, 존귀)하였고 도(道)의 선풍(旋風)이 방외(方外, 세속, 다른 지역)에 알려지니 삼오(三吳)에서 뛰어난 학자들이 선(禪)을 알기 위하여 이곳으로 모여들었고, 또 천하의 고결한 사람들(高人)도 선풍(禪風)의 의미를 찾아서 불성(佛性, 本性)의 굴(窟)로 돌아가게 되었다.

※ 해설 : 본문에 나오는 내용들을 간략하게 요약한 부분으로 영가대사의 탄생과 위대함을 강조하는 내용이 석존의 탄생을 찬탄하는 것과 같은 것은 정법(正法, 佛法)을 수지(受持)하고 계승하여서 중생(衆生)을 제도(濟度)한다는 것을 말하기 위한 것이다.

　靜往因薄宦, 親承接足, 恨未盡於方寸, 俄赴京畿, 自爾已來, 幽冥遽隔.
　永慨玄晦, 積翳忽喪金錍, 欲海洪濤, 遄沈智檝.
　遺文尚在, 龕室寂寥, 嗚呼哀哉.
　痛纏心腑, 所嗟一方眼滅, 七衆何依. 德音無聞, 遠增悽感.
　大師在生, 凡所宣紀, 總有十篇, 集為一卷.
　庶同歸郢悟者, 得意忘言耳.
　今略紀斯文, 多有謬誤, 用俟明哲, 非者正之.

　위정(魏靜)이 지난날 하급 관리(薄宦)로 있을 때에 영가대사의 법을 직접 상승(相承)하며 대사의 발(接足)에 예배하였어도 마음에 심소(心所)의 번뇌가 다 없어지지 않았었는데 갑자기 경기(京畿, 수도(首都) 근처)로 전근(轉勤)가게 되었는데 그때 이후에 갑자기 대사께서 유명(幽冥)을 달리 하셨다.
　오래도록 한탄하는 것은 검은 눈동자에 백태(瞖)가 있는데도 홀연히 금비(金錍)를 잃어버리게 되고 욕해(欲海, 欲界, 六道, 탐진치)의 큰 파도가 넘실대는데도 빠르게 지혜의 노(檝)가 침몰(沈沒)한 것이다.
　영가 현각이 생전에 남기신 글(遺文)은 항상 존재(常在)하는데 감실(龕室, 위패를 모신 사당, 스님의 탑, 부처를 모신 석실)은 적적하고 교요(寂寥)하니 오호(嗚呼)라 슬프구나!

진정한 고통은 일방안(一方眼)이 사라졌다는 것이고 한탄스러운 것은 칠중(七衆, 사부대중; 비구, 비구니, 우바새, 우바이, 사미, 사미니, 식차마니)이 어디에 의지해서 덕음(德音)을 들을 수 없으니 처참한 감정(感情)이 더욱더 하는 것이다.

대사께서 생전에 요지를 선법(宣法)하셔서 기록(紀錄)한 것이 모두 10편이 있었는데 이것을 1권으로 집록(集錄)하였다.

많은 일반 사람들도 모두 같이 영장(郢匠)인 대사에게 귀의하여 깨닫게 되는 이들은(悟者) 언어문자를 초월하여 불법(佛法)을 체득하게(得意)될 것이다.

지금 간략하게 영가의 불도(佛道)를 기록하였으나 많은 오류가 있을 것이니 명안(明眼)종사(宗師)께서 잘못된 것을 수정(修正)하기를 기다립니다.

※ 해설 : 위정(魏靜)이 관리로 있을 때 대사를 시중하였지만 모두를 깨닫지 못하고 다른 데로 옮기게 되었는데 얼마 지나지 않아 대사께서 입적하게 된 것을 위정이 아쉬워하고 있다. 위정은 영가대사의 입적을 한탄하며 대사를 금비와 즙(檝, 櫓)에 비유하고 불법(佛法)이 사라져 세상이 어두워 칠중(七衆)이 어찌할 바를 모르고 있다고 비통해하고 있는 부분이다.

간절함으로 인하여 10편의 법문을 1권의 책으로 만들게 되었기에 대사의 법문을 최대한 정확하게 기록하였다고 강조하면서 겸손히 오류가 있으면 자신의 잘못이라고 기록하고 있다.

禪宗永嘉集序說

涵虛堂得通銃

此事 或一言而可盡 或廣說而難既 廣略由人 不關於法 如來
曠劫修得底法門 普爲三乘五姓 歷四十九年而開演 而大師 但
以十章之文 攝一代之所說 該始末而無遺 句句斬釘截鐵 言言
明白簡易

차사(此事, 본분사)는 간혹 일언(一言, 간단하게, 한마디)으
로 다할 수도 있지만 혹은 아무리 많은 언어문자로 설명하려
고 하여도 원래 다하기 어려운 것이다.

사람에 따라서 간략하게 설명하고 많이 설하는 것이지 원래
불법(佛法)이 그런 것은 아니다.

여래께서 오랜 동안 수행하여 체득한 근본 법문(法門)을 삼
승(三乘)과 오성(五性, 五姓)에게 49년 동안 개시오입(開示悟
入)하게 설하신 것을 영가대사께서 단지 10장(章)으로 일생동
안 설하신 것을 모아 처음부터 끝까지 남김없이 모두 갖추어
놓으셨다.

구절구절이 핵심을 나타낸 것으로 말씀마다 명백하게 설하
여 놓은 것이다.

使如來大智慧光明　而得復明於世　破重昏於沙界　指逕路之脩
途
　於戲　四十九年縱說橫說之妙旨　昭昭於心目之間　而可以默得
於言象之際矣

　여래의 위대한 지혜를 밝게 분명히 나타내어 다시 세상을
밝히고자 사바세계의 혼탁함을 없애는 지름길을 나타낸 것이
다.　오호라! 49년간 설하신 묘지(妙旨)의 모든 것이 마음속의
안목에 분명하게 하여 말씀하신 의미를 묵연(黙然)하게 깨달을
수 있게 하였다.

　只如一宿曹溪　單傳直指之眞宗　果在是歟　不在是歟　具眼勝
流　試著眼看　門人道菴　因讀是錄　隨章請偈　而於十章　各著一
頌　發永嘉之心於千百年之後　後世容有以此而賞音者矣

　단지 조계에서 하룻밤 지낸 것이 진실한 종지를 직지(直指)
하여 계승한 것과 같은 것이라면 과(果)가 여기에 있는가? 없
는가? 를 안목이 구족한 이는 잘 살펴보아야 할 것이다.
　문인(門人)인 도암(道菴)이 이 기록을 읽음으로 인하여 장
(章)마다 게송(偈頌)을 청(請)하여서 10장(章)에 각각 하나의
게송을 붙여서 영가의 본심을 천년 후에 까지 드러낸 것은 후
세에도 안목을 구족한 이가 있을 것을 알기 때문이다.

1. 도(道)를 흠모하여 수행하는 의지(意志)와 위의(威儀)
〔右頌慕道志儀第一〕

撥草瞻風緣底事 爲從途路達家鄕 高超遐擧從師得 進退周旋
必有常

망념의 잡초를 제거하고 선풍(禪風)을 바라보는 것은 일대
사의 인연이 있음이니

수행법에 따라 수행하는 것은 피안의 세계에서 살아가고자
함이고

고봉정상에 올라 멀리 나아가고자 하여 조사께서 체득하신
법에 따르는 것은

진퇴(進退)와 주선(周旋)에 있어서 반드시 항상 규범이 있기
때문이네.

※ 해설 : 풀을 뽑는다고 하는 것은 번뇌 망념의 근원을 제거한
다는 것을 말하는 것이고 바람이라는 것은 선풍(禪風)이나 도풍
(道風)을 말하는 것이므로 도(道)를 깨달아 일대사를 체득하게
하는 것이어서 도(道)를 흠모하여 수행하는 뜻과 위의(威儀)라
고 한 것은 본심의 세계인 피안에 태어나기 위함이다.

피안(彼岸)의 세계인 고봉정상(高峰頂上)에서 더 나아가고자
하면 조사(祖師)께서 체득한 법에 따라서 수행을 해야 한다.

그러므로 도(道)를 수행하고자 하면 항상 법(法)을 깨달아
불법(佛法)에 대한 의지(意志)와 위의(威儀)가 훈습되어 있지
않으면 안 되는 것을 강조하고 있다.

2. 교만하고 사치한 마음을 경계 〔右頌戒憍奢意第二〕

朝四暮三逐妄塵 三常不足合淸眞 但堅儉志資三學 莫縱邪心誤一身

조삼모사(朝三暮四)나 조사모삼(朝四暮三)은 번뇌 망념에 따르는 것이고
의식주(衣食住)를 항상 부족하게 생활하는 것은 청정하고 진실한 것이며
단지 검소한 의지가 견고한 것은 삼학(三學)에 근거한 것이니
사심(邪心)으로 법신(法身)을 오인(誤認)하여 추구하는 것은 아니네.

※ 해설 : 조삼모사(朝三暮四)를 조사모삼(朝四暮三)이라고 한 것은 번뇌 망념으로 이익을 추구하는 이들을 경계하는 것이고, 의식주를 항상 부족하게 한다는 것은 넘쳐서 자만하는 마음을 경계하기 때문이고, 항상 검소하게 생활하는 것은 계정혜(戒定慧) 삼학(三學)에 맞게 생활하고자 하는 것이므로, 삿된 마음으로 법신(法身)을 오인(誤認)하여 추구하는 것은 아니다. 즉 자랑하고 나타내기 위해 조작(造作)하여 검소하게 살아가지는 말라는 것으로 육바라밀을 실천해야 한다고 말하는 것이다.
일반적으로는 자만(自慢)하여 자신이 부처인양 나타내려고 하는 마음을 경계하는 것이므로 사의법(四依法)에 의하여 수행하여야 한다.

3. 삼업을 청정하게 수행함 〔右頌淨修三業第三〕

三是禍根亦道元 禍須令滅道須圓 掃除七支端身口 寂然三受淨心源

　신구의(身口意) 삼업(三業)은 화(禍, 근심, 불행)의 근본이지만 도(道)의 근원이니
　화(禍)는 반드시 소멸시키고 도(道)를 반드시 원만하게 하여야 하고
　칠지(七支, 身口業)를 제거하여 신업 구업을 청정하게 하면
　삼수(三受)의 업(業)에서 벗어나게 되어 마음의 근원을 청정하게 하네.

※ 해설 : 신구의(身口意) 삼업(三業)이 청정하려고 십선(十善)을 행하면 항상 행복하고 항상 십악(十惡)을 행하면 모든 화(禍)가 오는 것은 당연한 일인 것이다.
　신구의 삼업이 모든 화(禍)의 근원이지만 이것을 전환하여 돈오(頓悟)하면 모두가 도(道)의 근원이 되는 것은 탐진치(貪瞋癡)를 바로 정확하게 공(空)으로 알면 계정혜(戒定慧)로 수행하게 되니 신구(身口)의 모든 업(業)을 청정하게 할 수 있다.
　이와 같이 삼업(三業)을 청정하게 하면 삼수(三受)의 업(業)인 쾌락과 고통 그리고 불고불락(不苦不樂)에서 벗어나게 되어 마음의 근원이 청정하게 되는 것이다.
　여기까지가 수행의 기초인 것으로 천태를 굳이 첨가 하지 않더라도 이렇게 하지 않으면 무슨 수행을 할 수 있게 되겠는가?

탐진치(貪瞋癡)를 위해서 수행을 한다고 가정하면 무슨 일이 벌어질 것인지 분명하여 질 것이다.

항상 최고의 위치를 탐할 것이고 모든 사람들을 노예 취급할 것이며 구경에는 쾌락만 일삼다가 허망하여 자신도 감당하지 못하고 자살하는 경우도 있게 되리라고 상상하여본다.

그래서 올바른 수행의 기초인 계정혜(戒定慧)를 바로 알고 수행하여야 하는 것이다.

4. 사마타의 게송 〔右頌奢摩他第四〕

迷雲一作性空暗 慧日沉輝景像微 忽遇淸風雲散盡 空含衆色映天池

미혹한 마음이 한번 작동하여 본성이 어두워지면
지혜의 마음이 혼미(昏迷)하여서 대상경계를 희미(稀微)하게 비추다가도
홀연히 청정한 지혜를 구족한 공(空)의 도리를 듣고 깨달으면 번뇌 망념의 구름은 사라지고
공(空)으로 된 대상경계가 천지(天地)에 가득하게 되네.

※ 해설 : 사마타(samatha, 定), 삼마지라고 하는 것은 범어이고 삼매는 범어를 음역한 것이며 정(定), 정정(正定), 정의(定意), 정심행처(正心行處)등으로 나타내며 경계지성(境界之性)을 말하는 것이고 공(空)을 의미하는 것이다.

대상경계를 차별분별로 알다가 공(空)이라고 알면 새로운 천

지가 새롭게 태어나게 되는 것이다.

　여기에서 천지(天池)를 천지(天地)라고 한 것은 본래의 모습을 천지(天池)라고 하는 것이므로 본래의 청정한 모습으로 돌아와서 다시 세상을 보게 되면 이전에 보든 세상과 확연히 다르게 보이므로 천지(天地)라고 하였다.

　천지(天地)에 있는 대상경계는 하나도 변한 것이 없는 것이지만 자신의 마음이 모두 변해 있으므로 대상경계가 청정하게 변하게 되는 수행을 사마타수행이라고 한다.

5. 위빠사나의 게송〔右頌毗婆舍那第五〕

　病眼見空花亂墜　玄眸望月月非雙　廻頭轉腦還非是　透過玄關一亦忘

　눈병이 있으면 공화(空花)가 어지럽게 다니며
　지혜의 안목으로 자신의 본성을 바라보면 마음은 둘이 아니고
　머리를 돌려 이리 저리 사량 분별하면 도리어 시비(是非)에 떨어지니
　현묘한 조사관문을 통과하여 하나도 역시 버려야하네. *(몰종적)

※ 해설 : 위빠사나(vipassan, 慧)는 지혜를 말하는 것인데 그냥의 지혜가 아니고 사마타를 익힌 진여의 지혜를 자신이 실제로 알게 하려고 이와 같이 설하고 있는 것이다.

자신의 마음을 알게 하려고 자신의 본성이 공(空)이라는 사실을 관조하여 알게 되면 마음이 둘이 아닌 것이지만 조금만 마음이 의심즉차(擬心卽差)하여 움직이면 시비에 떨어지게 되어 조사관(祖師關)을 통과 하지 못하게 되는 것이라고 하고 있다.

사마타와 위빠사나를 일반적으로 지관(止觀)이나 공가(空假)라고 붙여서 말하는 것은 둘이 떨어지면 올바른 수행을 할 수 없게 되기 때문이다.

6. 우필차의 게송 〔右頌優畢叉第六〕

月不昇空空不明　雲無潤物物無榮　雨暘和後時方泰　空月騰輝宇宙淸

본심의 달이 공(空)의 경지에 오르지 못하면 세상을 공(空)으로 밝힐 수 없고
백운(白雲, 佛法)이 사물을 윤택하게 하지 않으면 모든 중생들이 성장하지 못하며
법우(法雨)가 내리고 불법(佛法)의 해가 떠서 햇볕이 조화롭게 된 이후에 비로소 태평성대(太平聖代)가 되듯이
본심의 달이 공(空)의 경지가 되어야 온 우주가 밝게 청정해지네.

※ 해설 : 우필차(upekkh, 捨)를 중도(中道)라고 하기도 하고 정혜쌍수나 지관쌍수라고도 한다.

그리고 대상경계에 침몰되는 것과 자신을 관조하는 것에만 몰입되는 것을 경계하기 위하여 경계지성(境界之性)과 의심즉차(擬心卽差)를 설하는 것이다.

이 경지가 되지 않고서는 삼승의 점차로 나아갈 수 없다고 영가께서 설하고 있다는 것을 잘 알아야 한다.

사족을 달면 앞에 우필차를 수행의 기초라고 말한 것은 이것이 요즘 보통 말하는 견성이나 깨닫는다고 하는 것이나 천태에서 말하는 관심(觀心)에 중점을 두는 것이 여기까지이기 때문에 『영가집』을 『선종영가집』이라고 할 수 있는 것이다.

7. 삼승의 점차수행 〔右頌三乘漸次第七〕

遠客歸鄕遲速異 一河三獸短長殊 盈科後進誠非妄 肯把庸流擬上流

멀리 나간 객이 고향으로 돌아오는 것이 느리고 빠름이 다른 것은

강을 건너는 세 짐승의 다리가 짧고 긴 것과 같고

물이 웅덩이를 만나면 웅덩이를 가득 채운 후에 흐르듯이 진실로 자신의 그릇을 채워야 헛되지 않은데도

어찌 용렬(庸劣)한 무리들이 상류 반열반의 경지를 의심하려고 하는가?

※ 해설 : 정혜쌍수를 할 수 있는 경지가 되면 이제 귀향(歸鄕)을 하게 된 것이다. 고향으로 돌아오는데 빨리 오고 늦게 오는

것을 여기에서는 세 가지 짐승으로 구분하여 설하고 있다.

　이것은 각자가 그릇에 맞게 자각하여야 강을 건너 피안의 세계로 가게 되는 것을 귀향했다고 하는 것이다.

　그릇에 맞게 수행하여야 한다고 하는 것은 삼승(三乘)을 차별하지 말도록 하기 위하여 짐승에다 비유한 것이므로 착각하지 말아야 한다.

　그런데 귀향하기도 전에 피안의 세계에만 탐착하게 되면 앞에서 설하고 있는 6가지를 버리고 수행하는 외도(外道)의 수행자가 되는 것이다.

8. 이사(理事)가 하나 〔右頌事理不二第八〕

　天眞非造絕經綸　位次分明必有倫　欲識宮商同調處　鳥啼花咲
一般春

　천진(天眞)은 조작을 초월하여 경륜(經綸, 식견)조차도 단절하지만
　지위와 순서가 분명하여 반드시 인륜(人倫)은 존재하고
　궁상(宮商)이 동등하게 조화(調和)한 것을 알고자 하면
　새가 울고 꽃이 피는 일반(一般)적인 봄이 되어야 하네.

※ 해설 : 이사(理事)와 체용(體用)이 하나라고 하는 것은 진여 본성이 공(空)이라는 사실을 자각하고 대상경계도 공(空)이라는 사실을 요달하여야 천진(天眞)의 경지가 되어 경륜(經綸)를 단절하게 되는 것이다.

즉 불생불멸(不生不滅)의 경지가 되어야 천진(天眞)의 경지가 되는 것이므로 뛰어난 현자(賢者)의 지식을 초월하게 되지만, 인륜(人倫)을 벗어난 도리가 아니라고 하는 것은 누구나 평등한 경지가 되는 것을 말하는 것이기 때문이다.

그리고 기본적인 윤리와 도덕은 항상 존재하여야 한다고 하는 것은 새가 우는 도리와 꽃이 피는 기본적인 도리를 벗어나지 않아야 한다고 하는 것을 의미하는 것이다.

한도인의 경지가 되었다는 것을 이와 같이 설하고 있는 것이다.

9. 친구에게 편지로 권(勸)하여 밝힘 〔右頌勸友人書第九〕

東家攢燧得金星 分照西家不碍明 自利利他成勝進 九皐离送九天聲

동가(東家)에서 불씨를 모아 금성(金星, 깨달음, 태백성)을 체득하여

서가(西家)에 나누어 비춰도 깨달음을 밝히는 데는 장애가 되지 않고

자리이타(自利利他)를 초월하여 승진도(勝進道)를 이루니

학이 깊은 산속의 물가에서 울지만 그 소리가 하늘에까지 들리네.

※ 해설 : 동서(東西)로 구분할 필요가 없는 이사불이(理事不二)의 경지가 되었으므로 진여의 지혜로 한도인(閑道人)으로 생활하게 되었다는 자신의 입장을 서로가 밝히고 있는 부분이다.

자신의 진여본성을 찾으려고 헛되이 세월을 허비하며 수행한다고 하는 이들을 위하여 자신이 깊은 산속의 물가에서 설하고 있어도 그 소리가 하늘에 닿아 세상을 흔든다고 피안의 세계에서 중생을 제도(濟度)하고 있는 부분이다.

10. 발원문〔右頌發願文第十〕

寬腸大肚孰齊肩 活似鵬搏萬里天 觀彼飄然遐擧處 四生爲子宅三千

관대하고 너그럽고 위대한 자비의 마음을 누가 감당을 하겠는가?
봉황이 만리 밖의 하늘에서 생활하는 것과 같아서
피안의 세계에서 세속의 번뇌 망념을 멀리서 관조하고
사생육도를 자식으로 아니 삼천대천세계에서 안락하게 사네.

※ 해설 : 앞에서 보살도를 실천하는 동서(東西)를 구분하지 않는 자비심을 대장부나 봉황이 아니면 할 수 없는 것이다.

대장부의 마음은 항상 피안에서 중생들을 가엾게 보는 자비심을 가지고 있어서 어머니가 물가에 노는 아이를 보는 것과 같은 마음이다.

그리고 대상경계인 만물을 모두 공(空)으로 알고 어디에서나 한도인으로 (무의도인으로) 살아가는 피안의 세계에서 안락하게 몰종적으로 살아가기를 발원하고 있다.

선종영가집(禪宗永嘉集)

당 신수사문 현각찬(唐 慎水沙門 玄覺撰)

가. 개요

『선종영가집』권상(『한국불교전서』7, 175쪽. 상7.)에 의하면 선종(禪宗)에 대하여 행정이 선(禪)은 범어로 선나(禪那)이고 한자로 사유수(思惟修), 정려(精慮)라고 하는데 진여의 지혜로 생활하는 것을 선(禪)이라고 하는 것이다.

종(宗)은 최고라는 뜻이므로 모두가 진여의 지혜로 생활하는 한도인(閑道人)이 되어야 한다고 발원하고 있는 것이다.

☆ 크게 10단으로 나누었다(大章分為十門)

1. 도를 흠모하여 수행하는 의지(意志)와 위의(威儀)

〔慕道志儀第一〕

夫欲修道, 先須立志, 及事師儀則, 彰乎軌訓, 故標第一, 慕道儀式.

일반적으로 수도(修道)하고자 하면 먼저 반드시 의지(意志, 본마음·뜻)를 세워야하고, 그리고 스승을 모시고 위의와 법칙을 분명하게 배워서 표본으로 삼아야 하는 것이므로 첫째로 도(道)를 수행하는 의지(意志)와 위의(威儀)라고 한 것이다.

※ 해설 : 자신의 번뇌 망념이 생기고 사라지는 것(生死)에서 벗어나고자 하면 수도(修道)를 해야 하는 것이다.
수도(修道)를 하려고 하면 자신의 생사(生死)를 벗어나고자 하는 굳건한 의지를 가지고 출가(出家)하여야 한다.
출가(出家)하여 스승을 모시고 불법(佛法)을 위의와 법칙을 확실하게 배워서 익혀 훈습하여야 한다.

2. 교만하고 사치한 마음을 경계〔戒憍奢意第二〕

初雖立志修道, 善識軌儀, 若三業憍奢, 妄心擾動, 何能得定, 故次第二, 明戒憍奢意也.

먼저 뜻을 세워 비록 법칙(法則)과 위의(威儀)를 알고 수도(修道)한다고 할지라도 만약에 삼업(三業)이 교만하고 사치스런 마음이 있다면 망심(妄心)이 일어나 혼란스럽게 될 때에 어떻게 자신의 마음을 안정시킬 수 있을 것인가?
  그러므로 다음에 교만하고 사치스런 마음을 경계하여야 한다고 하는 것이다.

※ 해설 : 출가하여 수행을 시작하면서 교만하고 사치한 마음을 가지면 시주와 스승의 은혜를 저버리게 되어 삼업을 청정하게 할 수 없다.
  계율에 맞게 수행하면서 교만하고 사치한 마음이 있다고 하면 아상(我相)과 인상(人相)이 남아있는 것이고 출가하여서도 속세의 고정관념이 아직 남아 있는 것이기 때문이다.
  그러므로 교만하고 사치스런 마음을 경계하여야 한다고 하는 것이다.

3. 삼업을 청정하게 수행함 〔淨修三業第三〕

前戒憍奢, 略標綱要. 今子細檢責, 令麁過不生, 故次第三,
明淨修三業, 戒乎身口意也.

앞단에서는 교만과 사치스런 마음을 계율로 다스리는 법을
대략 요강(要綱)만 설한 것이다.

지금부터는 세밀하게 규명하고 단속하여 큰 과오가 발생하
지 않게 하도록, 제3단에서는 삼업(三業)을 청정하게 하는 수
행법을 명백하게 밝혀 신구의(身口意)를 경계하게 하였다.

*(계율로 다스리는 것이다.)

※ 해설 : 출가하여 계율로 교만과 사치를 다스리는 법을 삼업
(三業)으로 확대하여 자세하게 설명하고 있다.　출가(出家)는
세속(世俗)의 번뇌 망념을 버리기 위한 것이기에 부귀와 명예나
권력을 추구한다고 하면 출가(出家)를 할 필요가 없게 되는 것
이다.

이제까지 무슨 목적으로 어떻게 수행을 하였다고 할지라도
지금이라도 출가(出家)가 무엇인지를 알았으면 올바른 수행을
하여 진정한 출가인으로 살아가면 무슨 허물이 있겠는가?

그렇지만 앞으로 계속하여 잘못된 수행을 한다면 결국은 불
법(佛法)과는 멀어진 외도(外道)가 되는 것이다.

삼업(三業)을 청정하게 한 다음에 사마타수행을 해야 하는
것인데도 탐진치(貪瞋癡)를 가지고 여우의 마음으로 수행을
하는 이들이 있다.

4. 사마타의 게송 〔奢摩他頌第四〕

前已檢責身口, 令麤過不生. 次須入門, 修道漸次, 不出定慧,
五種起心, 六種料簡, 故次第四, 明奢摩他頌也.

앞단에서는 신구의(身口意) 삼업(三業)을 규명하고 단속하여
큰 과오가 발생하지 않게 하였다.
　다음은 반드시 입문(入門)하여 점차(漸次)로 수도(修道)해야
하는데 정혜(定慧)에서 벗어나지 말고 오종(五種)반야나 보리
의 마음이 일어나야 하고 6가지를 요간(料簡, 검토하고 분별)
할 줄 알게 하려고 제4단에서는 사마타를 게송으로 분명하게
밝혔다.

※ 해설 : 삼업이 청정하면 저절로 대상경계가 청정하여서 삼매
에 들어 바른 수행을 할 수 있겠지만 점차로 수행하지 않으면
약과 병을 구분하지 못하기도 하고 모두가 망념이 된다는 사실
을 모르고 수행하게 된다.
　그래서 육종료간(六種料簡)을 들어 선병(禪病)을 치료하는
약(藥)을 사용하는 것에 대하여 설하고 있다.

5. 위빠사나의 게송〔毘婆舍那頌第五〕

非戒不禪, 非禪不慧, 上旣修定, 定久慧明, 故次第五, 明毘
婆舍那頌也.

계율을 어기고 수행하면 선(禪)의 수행이 아닌 것이고 선
(禪)의 수행을 하지 않는다고 하면 진여의 지혜가 없는 것이라
는 것을 이미 앞단에서 정(定, 사마타)으로 다스리는 법을 익
혔으니 정(定)을 오래도록 훈습하여 진여의 지혜가 밝아지게
되는 것을 알게 하려고 제5단에서 위빠사나의 게송으로 분명
하게 밝혔다.

※ 해설 : 행정은 지관(止觀)을 인위(因位)의 입장에서 수행하는
것이라고 하고 정혜(定慧)는 과위(果位)의 입장이라고 삼매와
지혜를 구분하고 있는 것은 천태의 입장을 나타내고 있다.
　지관(止觀)과 정혜(定慧)를 『大乘起信論義疏』卷1(『大正藏』
44, 178쪽. 상14.)에서는 「言修止觀者, 止是定也, 觀是慧也.」
라고 하고 있다.
　대상경계가 공(空)이라는 것과 자성(自性)이 공(空)이라는
사실을 어느 것이 먼저라고 논쟁할 필요가 없는 것이 분명한
데도 계란과 닭이나 남자나 여자를 두고 무엇이 먼저인지를
두고 다투는 일이 있다.
　공(空)이라는 사실을 자각하여 요달(了達)하는 것이 급한 일
이고 공(空)이라는 사실을 요달(了達)하고 나면 반야의 지혜,
진여의 지혜를 여시(如是)한 지혜나 알음알이가 없는 지혜를
구족해야 한다. 그러므로 삼매(三昧)가 된 자신의 지혜가 되
어야 올바른 진여의 지혜가 되는 것이다.

6. 우필차의 게송 〔優畢叉頌第六〕

偏修於定, 定久則沈, 偏學於慧, 慧多心動, 故次第六明優畢
叉頌, 等於定慧, 令不沈動, 使定慧均等, 捨於二邊.

정(定)에 편협(偏狹)되어 수행하면 정(定)에 빠져 혼침하게
되고, 지혜만 편협(偏狹)되게 공부하게 되면 지혜가 많아져 마
음이 요동하게 되는 것이므로, 제6단에는 우필차의 게송으로
분명하게 밝혀, 정혜(定慧)를 정확하게 구분하여 혼침하거나
요동하지 않게 하여, 정혜(定慧)를 균등하게 하여 양극단에서
벗어나게 하였다.

※ 해설 : 우필차(優畢叉)는 평등(平等), 사(捨,) 부쟁(不諍), 중
도관(中道觀)등으로 말하지만 천태에서는 공가중(空假中)으로
표현하고 있으므로 중(中)을 말한다.
　공(空)에 너무 치우치지도 않고 지혜에 치우치지 않는 진여
의 지혜를 말하는 것인데 지극히 청정한 사(捨)의 경지가 되어
야 하는데 사(捨)는 진여(眞如)나 여래(如來)를 의미한다고 볼
수 있다.
　우필차에서 관심십문을 자세하게 설하고 있는 것은 천태종
의 입장으로 모든 것을 설하고 수행할 수도 있겠지만 영가의
입장에서 보면 육조의 남종선이나 조사선(祖師禪)으로 설하고
수행해야 한다고 뒤의 선인들이 기록하고 있다고 생각된다.

7. 삼승의 점차수행〔三乘漸次第七〕

定慧既均, 則寂而常照, 三觀一心, 何疑不遣, 何照不圓. 自
解雖明, 悲他未悟, 悟有淺深, 故次第七, 明三乘漸次也.

　정혜(定慧)가 이미 균등하게 되어 적정(寂靜)하게 항상 관조
(觀照)하면 삼관(三觀)이 일심(一心)으로 인한 것인데 무슨 의
심을 버리지 못할 것이 있으며 무엇을 관조(觀照)하여 원만하
지 않을 것이 있겠는가?
　자신의 깨달음이 비록 명확하다고 하더라도 타인이 깨닫지
못한 것을 안타까워하여 깨달음에 깊고 얕음이 있으므로 제7
단에 삼승(三乘)의 점차수행을 밝혔다.

※ 해설 : 삼관(三觀)이 일심(一心)이라고 하는 것은 수행자가
귀향(歸鄕)하는 법(法)을 설한 것이고 다시 삼승(三乘)의 점차
(漸次)가 있다고 하는 것은 성문, 연각, 보살이 귀향(歸鄕)하는
데 차이가 있다고 삼승의 점차수행을 설하고 있는 것이다.
　삼관(三觀)이나 삼승(三乘)도 일심(一心)에 의한 것이라고
설하고 있는 것으로 모두가 진여의 지혜가 무엇인지를 자각
(自覺)하여야 하기 때문이다.
　이와 같이 설하는 것은 중도(中道, 優畢叉)의 한계가 자신의
입장을 말하는 것이라고 한다면 삼승(三乘)의 점차(漸次)라고
하는 것은 모든 중생의 입장에서 모두가 부처라고 하는 것이
된다.

8. 이사(理事)가 하나 〔理事不二第八〕

三乘悟理, 理無不窮, 窮理在事, 了事即理, 故次第八, 明事理不二, 即事而眞, 用袪倒見也.

삼승(三乘)이 진여(眞如)본성(本性)을 깨달아 진여본성(本性)이 무궁무진하다는 것을 알게 되면 궁극적인 진여(眞如)본성(本性)으로 지혜를 자유자재하게 사용하여 지혜를 요달하게 되어 바로 진여본성을 깨닫게 되므로 제8단에서 이사(理事)가 하나라는 것을 밝힌 것이며 지혜가 바로 본성에서 나온 것임을 깨닫게 하여 전도된 견해를 버리게 하였다.

※ 해설 : 이사불이(理事不二)라고 하는 것은 이사(理事)는 체용(體用)이나 성상(性相)으로 둘이 아닌 하나라는 것이다.
  이것을 풀이하면 대상경계가 공(空)이라고 청정하다는 것을 자각(自覺)하였으면 자신의 마음 역시 공(空)이 되었다는 경계지성(境界之性)의 경지를 설하고 있는 것이다.
  진여의 지혜가 무엇인지 자각하여 체득하였다면 이제부터 자유자재하게 피안(彼岸)에서 입전수수(入鄽垂手)하면 된다.
  삼승(三乘)에서 한도인(閑道人)으로 살아갈 수 있지만 삼승(三乘)에서 나아가는 것을 확고하게 하는 것을 설하고 있다고 볼 수 있다.

9. 친구에게 편지로 권(勸)하여 밝힘〔勸友人書第九〕

　事理既融, 內心自瑩, 復悲遠學, 虛擲寸陰, 故次第九, 明勸
友人書也.

　이사(理事)가 이미 원융(圓融)하여 자신의 마음속이 밝다는
것을 알게 되니 다시 마음을 안타깝게도 멀리서 찾으려고 헛
되이 세월을 허비하는 친구를 위하여 제9단에서 친구에게 편
지로 권하여 밝혔다.

※ 해설 : 피안(彼岸)의 세계에 도달하면 고봉정상에 머무는 것
이 아니라 진일보(進一步)해야 한다고 설하는 부분이다.
　중생(衆生)제도(濟度)하는 것을 친구라고 하는 것이며 입전
수수(入鄽垂手)하고 있는 자신의 입장을 나타내는 것이고 피
안의 세계에서도 항상 진일보(進一步)하는 삶을 살아야 한다
고 설하고 있다.
　만약에 수행자가 시끄러운 곳에서 자신의 진여본성을 찾는
다면 어디에서나 좌도량(坐道場)이 되는 것입니다.
　여기에서 친구는 천태의 8조(祖)가 된 좌계존자(左溪尊者,
玄朗, 673-754)로 부터 편지를 받고 천태의 제8조(祖)인 좌계
존자의 수행법이 "마음을 안타깝게도 멀리서 찾으려고 헛되이
세월을 허비하는 친구의 수행법" 이라고 편지로 자세하게 교
화하고 있는 부분이다. 이 부분에서 지금 현대의 수행법과 천
태의 수행법을 비교하여 보면 지금 우리들이 종교라고 생각하
며 수행하고 있는 입장을 잘 알 수 있을 것이다.

10. 발원문〔發願文第十〕

勸友雖是悲他,　專心在一,　情猶未普,　故次第十,　明發願文,
誓度一切也.

친구에게 권하는 것이 비록 타인을 안타깝게 생각하는 것이
지만 마음을 오직 하나에만 집중하게 되면 마음이 오히려 널
리 미치지 못하므로 제10단에는 발원문으로 일체중생을 제도
(濟度)하겠다는 서원(誓願)을 할 것을 분명하게 밝혔다.

※ 해설 : 행정은 앞에서 설한 편지는 한사람을 위한 것이나 이
발원문은 모든 중생들을 제도(濟度)하는 발원문이라고 기록하
고 있다.

그리고 영가집 10단을 앞의 3단은 서론이고 중간의 5단은
본론이며 뒤의 2단은 결론이라고 기록하고 있다.

발원문을 설하는 것은 아미타불의 48대원이나 약사여래불의
12대원에서 발원하고 있는 것과 같이 지금까지 설한 것을 실
천하여야 완전한 불국토를 이루게 된다고 다시 강조하고 있는
것이다.

나. 본문 (10단의 선종영가집 내용)

1. 도(道)를 흠모하여 수행하는 의지(意志)와 위의(威儀)
〔慕道志儀第一〕

先觀三界, 生厭離故. 次親善友, 求出路故.
次朝晡問訊, 存禮數故. 次審乖適如何, 明侍養故.

처음에 삼계(三界)를 관조해야 하는 것은 삼계(三界)에서는 번뇌 망념이 가득하게 일어나므로 망념을 벗어나게 하려는 것이다.

다음에 본성으로 수행하며 살아가는 벗(선지식)을 가까이 해야 하는 것은 해탈하여 출세(出世)하는 법을 구하기 위함이다.

다음으로 아침부터 저녁까지 불법(佛法)의 선지식(善知識)에게 문신(問訊)하여 청법(請法)하는 것은 예의(禮儀)와 격식을 유지(維持)시키기 위함이다.

다음은 어긋나고 적합한지를 점검하며 선지식(善知識)을 시봉하는 것은 장양(長養)성태(聖胎)를 명확하게 하고자 함이다.

※ 해설: 도(道)를 흠모하려고 하면 지금 살고 있는 세상이 어떤 세상인지를 알아야 하기 때문에 삼계(三界, 욕계·색계·무색계)가 화택(火宅)과 같다는 『묘법연화경』비유품의 법문을 관조(觀照)해야 출가(出家)하여 번뇌 망념의 생사(生死)에서 출세(出世)하게 된다고 하고 있다.

출가(出家)하여 출세(出世)하려고 하면 무엇보다도 본성으로 살아가는 벗을 가까이 하라고 하는 것(善友)은 출세(出世)하는 법을 알기 때문에 스승이라 하고 선지식(善知識)이 되므로 예

의와 격식을 모두 익혀서 훈습하고 또 자신의 성태(聖胎)를 생
장(生長)시켜 완벽하게 양육(養育)하기 위함인 것이다.

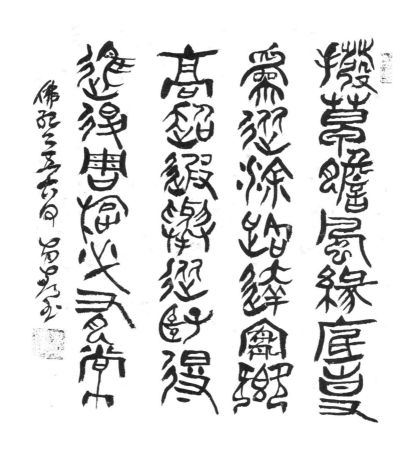

撥草瞻風緣底事　爲從途路達家鄉
高超遐擧從師得　進退周旋必有常

次問何所作, 為明親承事故. 次瞻仰無怠, 生殷重故.
次數決心要, 為正修故. 次隨解呈簡, 為識邪正故.

다음은 어떻게 하여야 하는지를 묻는 것은, 본성의 지혜를 어떻게 실천해야 하는지를 명확하게 친견(親見)하고자 함이다.
다음에 관조하여 받들어 실천함에 있어서 나태(懶怠)하지 않게 되는 것은, 아주 귀한 불성(佛性)으로 태어났기 때문이다.
다음에는 자주 불성(佛性)을 드러내어 정법(正法)으로 수행해야 하기 때문이다.
그다음으로 자신의 깨달음에 따라 행하여 드러내는 것은, 정사(正邪)를 명확하게 판단하기 위한 것이다.

※ 해설 : 초지의 경지에서 어떻게 본성의 지혜를 사용해야 하는지 묻는 것은 스승을 명확하게 친견(親見)해야 하는 것이고 친견하고 나서는 자신의 불성(佛性)을 잘 수지(受持)하기 위하여 나태하지 않게 되는 것이다.
그리고 불성(佛性)을 드러낸다고 하는 것은 자신이 스승의 법을 계승하여 정법(正法)을 점검받고 확인해야 정사(正邪)를 명확하게 판단하게 되는 것이기 때문이다.

次驗氣力, 知生熟故. 次見病生疑, 堪進妙藥故.
委的審思, 求諦當故. 日夜精勤, 恐緣差故.
專心一行, 為成業故. 亡身為法, 為知恩故.

다음은 자신의 능력을 시험(試驗)하는 것으로 자신이 훈습(薰習)되었는지 아닌지를 선지식으로 인하여 자신을 알기 위함이다.

다음은 자신의 병을 알고 나면 그 병의 원인을 의심하여서 합당한 묘한 약의 처방을 찾아서 치료를 하여야 하는 것이다.

그러므로 자세히 심사숙고(深思熟考)하여 불법(佛法)에 맞는 처방을 구하여야 하는 것이다.

밤낮으로 부지런히 정진하는 것은 불법(佛法)과 어긋나는 것을 두려워하기 때문이다.

오직 일행삼매로 불법(佛法)에 맞게 수행하는 것은 불도(佛道)로 수행하는 훈습을 성취하고자 함이다.

육신을 소중하게 장엄하려 하지 않고 오로지 불법(佛法)만을 생각하며 수행하는 것은 부처님의 은혜가 중요한 것이라는 것을 깨달아 알기 때문이다.

※ 해설 : 그 다음은 자신이 스승 앞에서 점검하는 것은 훈습이 되었는지를 확인해야 하는 것이고 자신의 잘못을 알았으면 심사숙고하여 처방을 찾아서 부지런히 수행하고 조금도 불법(佛法)에 어긋나지 않게 훈습해야 치료를 완벽하게 하게 되는 것이다.

치료를 하고는 불법(佛法)과 어긋나지 않게 수행하여 훈습(薰習)하는 것은 부처님의 은혜를 저버리지 않게 하기 위함이다.

如其信力輕微, 意無專志, 麁行淺解, 汎漾隨機.
觸事則因事生心, 緣無則依無息念. 旣非動靜之等觀, 則順有無之得失. 然道不浪階, 隨功涉位耳.

만약에 이와 같이 수행하려는 신심(信心)이 부족하여 마음속에 일념(一念)으로 하려는 의지(意志)가 없으면 번뇌에 속박되어 중생심의 지식을 깨달음이라고 착각하게 되어 세속의 가치관과 기준에 따라 살아가게 되는 것이다.

대상경계를 만나면 대상경계로 인하여 증애(憎愛)의 분별하는 망심(妄心)을 내지만 경계에 대한 만연(萬緣)을 모두 끊으면 알음알이에 의지(依支)하는 마음이 없게 되어 생각(마음, 망념)을 쉬게 되는 것이다.

처음부터 동정(動靜)의 마음을 벗어나지 않아 올바르게 관조하여 깨닫지 못하면 곧바로 유무(有無)의 득실(得失)을 따르게 된다.

그러므로 도(道)는 제멋대로 수행하는 것이 아니고 공덕(功德)의 수행을 통해서만 지위에 도달하게 되는 것이다.

※ 해설 : 앞에서 설했지만 굳건한 신심(信心)과 의지(意志)가 없으면 무엇이 불법(佛法)인지 정법(正法)인지를 구분하지 못하여 지식을 지혜라고 착각하여 슬기로운 기법이나 특이한 기술을 가지면 최고의 인생을 살아가는 것이라고 아는 세속의 가치관에 물들게 된다.

즉 대상경계를 만나서 중생심의 탐진치(貪瞋癡)로 받아들이게 되면 미워하고 좋아하는(憎愛) 마음을 내지만 대상경계를 공(空)이라고 알면 증애(憎愛)의 마음이 없게 되어 망념이 없게 된다.

그러나 마음이 조금이라도 동(動)하거나 억지로 고요하게 (靜) 하면 관조(觀照)하는 마음이 바로 망념이 되므로 의심즉 차(擬心卽差)라고 하는 것이다.

그리고 공덕(功德)에 대하여 위산(潙山)은 『緇門警訓』卷1에 「內勤剋念之功, 外弘不諍之德.」(『大正藏』48, 1042쪽. 중29.) "자신의 중생심의 마음을 극복하여 다투는 마음이 없이 모든 사람들을 평등하게 대하는 것을 공덕(功德)"이라고 하고 있듯 이 도(道)는 중생심으로 수행하는 것이 아니고 공덕(功德)의 수행(修行)을 해야 한다.

도(道)를 흠모하여 출가(出家)해 수행하고자 하면 스승의 법 을 친견하고 가르침에 따라 익혀서 훈습하고 조금의 어긋남도 없게 스승에게 점검하고 다시 정확하게 불법(佛法)에 맞게 훈 습(熏習)하여야 한다.

이와 같은 굳건한 의지를 가지고 불퇴전의 마음으로 수행하 여야 부처의 은혜를 배반하지 않게 되는 것이다.

다음 단 부터는 수행법을 자세하게 기초부터 설하여 단계적 으로 나아갈 수 있게 하고 있다.

2. 교만하고 사치한 마음을 경계〔戒憍奢意第二〕

衣食由來, 長養栽種, 墾土掘地, 鹽煮蠶蛾, 成熟施為, 損傷
物命, 令他受死, 資給自身.
　但畏饑寒, 不觀死苦, 殺他活己, 痛哉可傷.

　지금 자신들이 옷을 입고 음식을 먹는 것(衣食)은 종자를 심
고 생물을 키워서 가져온 것으로 땅을 파서 논밭을 개간하여
종자를 심고 가꾸어 만든 것이고, 또 누에고치를 삶아서 옷을
만든 것도 생명을 손상하여 한 것으로 다른 생명을 죽여서 자
신에게 공급되는 것이다.
　단지 자신들의 배고픔과 추위만 두려워하고 다른 생명이 죽
는 고통은 돌아보지 않고 다른 생명을 죽여서 자신을 살리고
있으니 아주 슬프고 가슴 아픈 것이다.

※ 해설 : 출가하여 수행하는 것은 자신의 안일(安逸)과 행복을
추구하기 위한 것이 아니기 때문에 모든 생명을 사랑하는 마음
을 가져야 하고 모든 인류를 존중하여야 하며 조금 더 확장하면
이 세계와 또 우주를 청정하게 지켜야 한다는 더 큰 서원을 해
야 교만하지 않고 사치하지 않게 되는 것이다.
　의식주를 해결하는 것이 인간의 기본적인 문제인데 이것을 넘
치지 않게 하여 검소하게 생활하여야 하는데도 이것을 대물림하
려는 욕망에 사로잡힌 영혼의 윤회를 주장하는 사상이 있다면
이것은 다른 이를 괴롭히는 것이 되고 사치와 교만이 된다.
　출가수행자로서의 사치와 교만(憍慢)은 자신이 타인보다 우
월하다고 자만(自慢)하지 않아야 모두가 평등하다는 불법(佛
法)의 기본사상을 어기지 않게 되는 것이다.

兼用農功, 積力深厚, 何獨含靈致命. 亦乃信施難消, 雖復出
家, 何德之有.

겸하여 농사를 짓는 일은 노력을 많이 하여야 하는 것인데
어찌 유독 중생의 생명만 손상하겠는가?
　또한 이에 신심(信心)있는 이의 보시(布施)를 받아 소화(消
化)시키지 못하면 비록 출가(出家)를 하였다고 하더라도 무슨
공덕(功德)이 있을 수 있겠는가?

※ 해설 : 유정물(有情物)과 무정물(無情物)도 모든 생명인데 이
것을 소화시킬 능력이 되어야 출가(出家)의 명분이 있는 것이기
에 교만하지 말아야 하고 사치하지 않아야 하는 것이다.
　신심(信心) 있는 이의 보시를 받더라도 이것에 다른 이들의
고통이 있다는 것을 모르고 차별 분별하는 마음을 내지 않아
야 한다.
　시물(施物)의 하나하나가 독자적으로 생긴 것이 없는 모든
이의 노고가 있는 것이기에 항상 부처님이나 부모님 모시듯이
공덕(功德)을 실천해야 하는 것이다.

噫! 夫欲出超三界, 未有絶塵之行, 徒為男子之身, 而無丈夫之志.

但以終朝擾擾, 竟夜昏昏, 道德未修, 衣食斯費. 上乖弘道, 下闕利生, 中負四恩, 誠以為恥.

故智人思之, 寧有法死, 不無法生. 徒自迷癡, 貴身賤法耳.

오호(嗚呼)라! 무릇 출가(出家)하여 삼계(三界)를 벗어나고자 하였으면서도 아직까지 번뇌 망념을 끊지 못하고 수행한다면 사람의 몸을 받았다고 하더라도 장부의 기개(氣槪)가 없는 것이 된다.

단지 아침부터 저녁까지 바쁘게 분주하고 밤이 다하도록 혼미(昏迷)하게 살아가며 도덕(道德)이 없는 수행을 한다면 보시(布施)받은 의식(衣食)만 소비하는 것이다.

즉 위로는 도(道)를 홍포(弘布)하는 것과 어긋나고 아래로는 중생을 이롭게 하지 못하여 마음가운데에 사은(四恩)을 저버리고 의식(衣食)만 낭비하니 진실로 도(道)에 어긋남을 부끄러워해야 한다.

그러므로 지혜로운 수행자는, "차라리 불법(佛法)을 가지고 죽을지언정 불법(佛法)을 어기고 살지 않겠다."라고 생각하고 서원(誓願)한다.

그러나 중생들은 미혹하고 어리석어서 자신의 육신과 부귀영화만 소중하게 여기고 불법(佛法)을 천(賤)하게 알고 있는 것이다.

※ 해설 : 출가하여 올바른 수행을 하지 못하면 시물(施物)을 소화시키는 수행자가 아니고 음식과 의복만 소비하는 사치(奢侈)와 교만(憍慢)에 빠진 수행자라고 할 수 있다.

50

그러므로 불법(佛法)을 수지(受持)하여 항상 자신의 육신과 부귀영화만 추구(追求)하는 탐진치(貪瞋癡)에 빠진 미혹한 중생이 되지 않아야 한다.

출가 수행자가 수행을 시작하면서 반드시 가져야할 방향을 제시하는 부분으로 도(道)를 흠모(欽慕)하여 교만하지 않고 사치하지 않으면서 수행하는 근본을 설하고 있다.

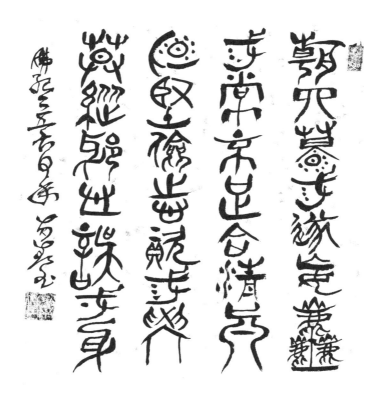

朝四暮三逐妄塵　三常不足合淸眞
但堅儉志資三學　莫縱邪心誤一身

3. 삼업을 청정하게 수행함 〔淨修三業第三〕

貪瞋邪見意業, 妄言綺語兩舌惡口口業, 殺盜婬身業. 夫欲志求大道者, 必先淨修三業.

然後於四威儀中, 漸次入道, 乃至六根所對, 隨緣了達, 境智雙寂, 冥乎妙旨.

탐진치(貪瞋癡, 貪瞋邪見)는 의업(意業)이고, 망어(妄語)·기어(綺語)·양설(兩舌)·악구(惡口)는 구업(口業)이며, 살생(殺生, 殺人)·투도(偸盜, 도둑질)·음행(淫行, 邪淫)은 신업(身業)이다.

일반적으로 대도(大道)를 구하려고 하면 틀림없이 삼업(三業)을 청정하게 수행해야 한다.

그런 이후에 사위의(四威儀)에 맞게 생활하며 점차로 입도(入道)하여 이내 육근(六根)의 대상경계는 인연에 따른다는 것을 요달(了達)하면 대상경계와 지혜가 모두 적멸(寂滅)하게 되는 것을 묘지(妙旨)와 계합한다고 하는 것이다.

※ 해설 : 출가(出家)하여 삼업(三業)을 청정하게 하려고 하면 십악(十惡)을 행하지 않아야 하고 십선(十善)을 행해야 도(道)를 구하는 수행자가 되는 것이다.

삼업(三業)이 청정하게 되는 것은 계율에 맞게 생활하게 되는 것이므로 계율에 맞게 생활하면 육근(六根)의 대상경계가 되는 육진(六塵)이 청정하게 되는 것이고 육진(六塵)이 청정하면 육식(六識)이 청정하게 되어 지혜가 적정(寂靜)하게 되는 것이다.

1) 신업(身業)

云何淨修身業, 深自思惟, 行住坐臥, 四威儀中, 檢攝三愆, 無令漏失.

어떻게 하는 것이 신업(身業)을 청정하게 하여 수행한다고 하는 것인가 하면 자신이 깊게 사유(思惟)하되 행주좌와(行住坐臥)하는 중에 사위의(四威儀)에 맞게 생활하여 세 가지의 잘못을 저지르지 않고 굳게 지켜서 조금의 실수도 하지 않아야 하는 것이다.

① 불살생(不殺生)
慈悲撫育, 不傷物命, 水陸空行, 一切含識, 命無大小, 等心愛護, 蠢動蜎飛, 無令毀損.
危難之流, 殷勤拔濟, 方便救度, 皆令解脫.

자비로 (자성을) 정성껏 키워 (모든)생명을 손상하지 않게 하여 물속이나 육지에서 살고 하늘에 날아다니는 등의 일체 유정(有情)들의 생명을 대소(大小)에 상관없이 모두를 평등한 마음으로 사랑하고 보호하여 꿈틀거리는 미물(微物)에서부터 날아다니는 것들을 모두 훼손되지 않게 하여야 한다.
위급하고 재난에 처한 이들이 있으면 빨리 구제하여 방편으로 살아가는 방법을 가르쳐주고 모두 해탈(解脫)하게 하여야 한다.

※ 해설 : 살생(殺生)하지 말라고 하는 것은 온 우주의 모든 생명을 사랑하라는 말이고 불교에서는 천상천하유아독존(天上天下唯我獨尊)이라고 하여 모든 생명의 가치를 최고로 존중하고 있는 내용이다.

사람에게 대입하면 어느 누구나 평등한 것이 되고, 또 다르게 말하면 한 순간이라도 구속받지 않아야 하는 자유의 몸이 되어야 한다는 의미가 있으므로 불교에서는 해탈을 강조하는 것이다.

불교의 계율에 따르면 살인(殺人)을 하지 말라고 하는 것은 모든 사람들을 부처님과 같이 존중해야 하는 것이고, 또 사회생활을 하면서는 서로 화합하고 공평(公平)하게 살아가라고 하는 것이다.

그러므로 물질과 명예와 권력을 잘 사용할 줄 알아야 서로 화합하고 항상 행복한 날들이 된다.

모든 생명들을 구제한다고 하는 것은 공생(共生)을 말하는 것이지 일체의 생물이 인간과 동일하다고 하는 것이 아니라는 것을 알아야 한다.

그러나 어느 누구는 동물이나 식물과 인간을 동일시하는 경우가 있는데 생명의 고귀함이라는 입장에서 보면 동시대(同時代)를 살아가는 것은 같다고 볼 수 있고 서로 공생(共生)해야 존재하는 것이기 때문에 동일하다고 할 수 있겠지만 여러 생명이나 미생물과 공생(共生)한다고 하더라도 그것들의 주인공이 누구라는 사실을 알지 못하면 무엇을 구제해야 한다는 목적에 빠지게 된다.

방생(放生)의 의미가 무엇인지를 정확하게 알아야 공생(共生)하게 되는 것이지 질병이나 살인마를 방생하는 어리석은 일은 하지 않아야 한다.

② 불투도(不偸盜)

於他財物, 不與不取, 乃至鬼神, 隨有主物, 一鍼一草, 終無
故犯.

貧窮乞匃, 隨己所有, 敬心施與, 令彼安隱, 不求恩報. 作是
思惟, 過去諸佛, 經無量劫行檀, 布施象馬七珍, 頭目髓腦, 乃
至身命, 捨而無悋.

我今亦爾, 隨有施與, 歡喜供養, 心無悋惜.

타인의 재물은 주지 않으면 취하지 않아야하며, 또 더 나아
가서 죽은 사람인 귀신(鬼神)의 물건이라도 주인이 있으면 바
늘 하나나 풀 한포기라도 끝가지 가지지 말아야 한다.

빈궁(貧窮)하여 구걸(求乞)하며 베풀어 주기를 바라면 자신
이 소유한 것에 따라 공경하는 마음으로 베풀어 주어 그 사람
을 편안하게 하여 주고 은혜로 갚기를 바라지 않아야 한다.

생각하기를 과거의 모든 부처님들도 무량겁동안 보시바라밀
을 실천하였는데 코끼리·말·칠보나 머리·눈·골수·뇌에서
부터 신명(身命)에 까지 집착을 하지 않고 보시를 하였으나 조
금도 인색해하지 않았던 것이다.

나도 지금부터 역시 그와 같이 실천하여 자신이 가진 것에
따라 보시바라밀을 실천하며 기쁘게 공양하되 마음에 인색하
거나 아까워하는 마음이 없어야 한다.

※ 해설 : 도둑질을 하지 말아야 하는 계율에 대하여 설하는 것
으로 도둑질은 알고 하는 도둑질과 모르고 하는 도둑질이 있는
데 모르고 하는 도둑질은 고칠 기약이 없는 것이지만 알고 하는
도둑질은 탐진치(貪瞋癡)의 삼독심(三毒心)을 제거하고 보시바
라밀(布施波羅蜜)을 행하면 바로 고칠 수 있게 된다.

그리고 모르고 하는 도둑질도 자신이 계정혜(戒定慧)에 맞게 살아가면 해결할 수 있는데도 삼독심(三毒心)이 일어나면 계율에 따라 제어해야 하고 제어할 수 있는 마음이 약하면 스승이나 벗의 충고를 들어야 한다.

눈에 보이는 물질은 표시가 나지만 보이지 않는 마음의 문제는 현대를 살아가는 이들은 더욱더 조심해야 한다.

지식과 지혜를 구분하지 못하는 오탁악세(五濁惡世, 命濁, 衆生濁, 煩惱濁, 見濁, 劫濁)에는 도둑질과 이익을 구분하지 못하고 탐욕이 한도 끝도 없이 많아서 영원히 억겁(億劫)을 살아갈 것처럼 취하려고 하니 탐욕이 꿀벌과 무엇이 다르겠는가?

조금만 청정하게 잘 생각하여 보면 국가나 기업체에서 많은 사람들이 서로서로 잘 살아갈 수 있는 방법이 무수하게 많으리라는 생각이 든다.

잠시 왔다가 가는 인생인데 꿀벌처럼 모으는 욕심만 부리며 살지 말고 오순도순 열심히 살아가면 모든 사람들이 영원히 항상 행복한 날들이 될 것이다.

만족하지 못하면서 수행자로 살아간다고 하면 아주 많은 고행을 해야 하겠지만 항상 만족하면서 수행한다고 하면 육바라밀을 실천하는 보살로서 살아가게 된다.

③ 불사음(不邪婬)

於諸女色, 心無染著, 凡夫顛倒, 為慾所醉, 躭荒迷亂, 不知
其過, 如捉花莖, 不悟毒蛇.

智人觀之, 毒蛇之口, 熊豹之手, 猛火熱鐵, 不以為喻.

銅柱鐵床, 焦背爛腸, 血肉糜潰, 痛徹心髓, 作如是觀, 唯苦
無樂.

모든 음행(淫行, 女色)은 마음에 오염된 집착이 없어야 하는
데, 범부들은 전도(顛倒)된 생각으로 욕정의 쾌락에 빠져서 그
과오가 무엇인지 알지 못하는 것은, 꽃밭에서 꽃을 따려고 손
을 넣는데 그 속에 독사가 있다는 것을 알지 못하는 것과 같
은 것이다.

지혜가 있는 수행자들은 관조(觀照)하기를 독사의 입이나
곰과 표범의 앞발로 알고 확탕지옥(鑊湯地獄, 火湯地獄)에서
뜨거운 철환을 먹는 것과 같이 알고 기뻐하지 않는다.

그리고 뜨거운 구리기둥이나 쇠못이 박힌 침대에 묶여 등을
태워 창자가 익는 고통을 받거나 피와 살이 문드러지는 고통
이 심장과 골수에 까지 도달하는 고통으로 알고 관조(觀照)하
면 오로지 고통만 있고 쾌락은 없게 되는 것이다.

革囊盛糞, 膿血之聚. 外假香塗, 內唯臭穢, 不淨流溢, 蟲蛆
住處, 鮑肆廁孔, 亦所不及.
　智者觀之, 但見髮毛爪齒, 薄皮厚皮, 肉血汗淚, 涕唾膿脂,
筋脈腦膜, 黃痰白痰, 肝膽骨髓肺脾腎胃, 心膏膀胱, 大腸小腸,
生藏熟藏, 屎尿臭處, 如是等物, 一一非人.

　사람의 몸뚱이는 더러운 것만 가득채운 가죽 포대와 같은
것으로, 피와 고름을 모아 놓은 것이다.
　그러므로 외부에 일시적으로 장식을 잘하더라도, 내부에서
는 오로지 악취가 나는 더러운 것들이 돌아다니는 구더기나
벌레들이 사는 곳과 같다고 알면, 냄새나는 생선가게나 측간
(廁間)과 같은 것이라고 생각하게 된다.
　그리하여 지혜가 있는 수행자들은 관조(觀照)하기를, 단지
발모조치(髮毛爪齒)와 얇거나 두꺼운 피부의 살이나 혈액과
땀·눈물·콧물·침·고름·지방·근육·혈관·뇌·격막·황담(黃
痰, 황색가래)·백담(白痰, 백색가래)·간(肝)·쓸개(膽)·뼈(骨)
·골수(髓)·폐(肺)·비장(脾)·신장(腎)·위(胃)·심장(心)·가슴
(膏, 명치)·방광(膀胱)·대장(大腸)·소장(小腸)·생장(生藏)·
숙장(熟藏)·대변·소변을 냄새나는 것이라고 관조(觀照)하여,
이와 같은 것들로 이루어진 것으로 각각을 보면, 사람이 아닌
것이 된다.

識風鼓擊, 妄生言語, 詐為親友, 其實怨妬. 敗德障道, 為過至重, 應當遠離, 如避怨賊.

是故智者觀之, 如毒蛇想, 寧近毒蛇, 不親女色. 何以故, 毒蛇殺人, 一死一生, 女色繫縛, 百千萬劫, 種種楚毒, 苦痛無窮, 諦察深思, 難可附近.

인식작용이 강하게 발동하여 망령되이 사랑하고 좋아한다는 말로 친한 벗이라고 언어문자로 표현 하지만 사실은 원망하고 질투할 수 있는 사람들이다.

공덕을 없게 하고 도(道)를 장애하여 허물을 많게 하면 응당 멀리하여 원수나 도둑을 피하는 것과 같이 하여야 한다.

그러므로 지혜가 있는 수행자들은 관조(觀照)하기를 독사(毒蛇)와 같이 생각하며 독사를 가까이할지라도 음행(淫行, 男女色)을 가까이 하지 않는다고 하는 것이다.

왜냐하면 독사가 사람을 죽이는 것은 한 번으로 생사(生死)를 결정짓지만 음행(淫行, 男女色)에 속박되면 백천만겁이 지나도록 온갖 괴로움과 고통이 무궁무진하다는 것을 자세하게 살펴보고 깊이 사유(思惟)하여 의지하기 어렵다고 알고 바른 수행을 해야 하는 것이다.

※ 해설 : 출가 수행자를 위하여 사음행(邪淫行)계율을 설한 것과 출가인이 아닌 수행자를 위한 사음행(邪淫行)계율은 차이가 조금 있다.

그러나 수행을 하지 못하는 이들에게는 모두가 장애물이고 수행을 잘하는 이들에게는 유마거사, 방거사, 부설거사처럼 살아갈 수도 있지만 불법(佛法)이 파괴되는 문제를 염려하기 때문에 계율에 의하여 단속하는 것이다.

음행(淫行)의 문제에 이와 같이 많은 분량을 할애(割愛)한 것은 사자(獅子)의 비유와 같이 사자가 강하지만 내부에서 병이 생겨 죽게 되는 경우처럼 불법(佛法)도 내부에서 쉽게 파괴될 수 있기 때문에 이렇게 정한 것인데 이것을 악용하여 일본에 의한 식민지시대에는 결혼을 하지 않으면 주지(住持)를 하지 못하게 하여 불법(佛法)을 파괴하여서 지금도 주지(住持)가 사찰관리인인 것처럼 되어 있어 투표나 인맥에 의하여 선출하고 있으니 한심하다.

불법(佛法)을 수지(受持)한 사람만이 주지(住持)가 되어야 모든 대중들을 사찰에서 수행하게 할 수 있고 많은 중생들을 제도할 수 있는데도 이것을 파괴하여 출가(出家) 수행자들이 잘 살다가도 인생의 마지막 여생(餘生)을 걱정해야 하는 괴상한 문제가 생기고 있는 것이다.

음욕의 문제에서 다른 소리를 조금하였는데 음욕을 다스리는 방법은 소식(小食)으로 일종식(一種食)이나 오후불식(午後不食)하면 음욕을 다스릴 수 있고 그래도 쉽지 않으면 마음수행을 더하면 된다.

소식(小食)으로 질병도 이와 같은 방법으로 하면 자연 치유가 되고 또 불가(佛家)에서는 사의법(四依法)에 따라 수행하기 때문에 부란약(腐爛藥, 陳棄藥, 下賤藥)에 의지하여 수행하면 질병으로 인한 큰 어려움은 없게 된다.

기억(記憶)이 추억(追憶)이 되어 집착(執着)하게 되면 애착(愛着)하여 고정관념이 되어 영원히 벗어나지 못하는 신앙(信仰)에 빠져서 자신을 옭아매게 된다는 것을 알지 못하고 그것을 즐기게 되니 영원히 빠져나오지 못하기 때문에 사음행(邪淫行)을 중요하게 계율로서 다스리고 있는 것이다. 사음행(邪淫行)이라고 하는 것은 결국 마음속에 대상이 있어야 하는 것이나 대상이 없으면 자신의 마음만 다스리면 되는 것인데도 대상을 구하여서 고통을 받고자하는 것은 탐욕 때문인 것이다.

수행자가 이 삼업(三業)의 탐욕을 제어하지 못한다면 다음의 올바른 수행을 할 수 없는 것이다.

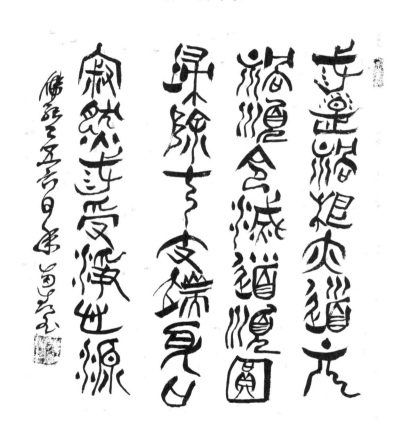

三是禍根亦道元　禍須令滅道須圓
掃除七支端身口　寂然三受淨心源

④ 지혜로운 수행자의 불법(佛法)수지(受持)

是以智者, 切檢三衍, 改往修來, 背惡從善, 不殺不盜, 放生
布施, 不行婬穢, 常修梵行.

日夜精勤, 行道禮拜, 歸憑三寶, 志求解脫, 於身命財, 修三
堅法, 知身虛幻, 無有自性, 色即是空, 誰是我者.

一切諸法, 但有假名, 無一定實. 是我身者, 四大五陰, 一一
非我, 和合亦無.

內外推求, 如水聚沫, 浮泡陽焰, 芭蕉幻化, 鏡像水月, 畢竟
無人, 無明不了, 妄執為我.

於非實中, 橫生貪著, 殺生偷盜, 婬穢荒迷, 竟夜終朝, 矻矻
造業.

雖非真實, 善惡報應, 如影隨形, 作是觀時, 不以惡求.

그리하여 지혜가 있는 수행자들은 살생·투도·음행 이 세
가지를 항상 완벽하게 점검하여 지나간 잘못을 고쳐서 앞으로
정법(正法)에 맞는 수행자가 되어 악을 멀리하고 선(善)으로
나아가 살생하지 않고 도둑질하지 않으며 방생하고 보시하며
생활하여 음행의 세속에 물들지 않고 항상 청정한 수행자로서
수행한다.

항상 정진하여 육시(六時)행도(行道) 예배하며 삼보에 귀의
하여 해탈을 구하는데 마음을 두어 삼견법(三堅法)으로 영원
불멸한 법신과 반야의 지혜와 해탈(法身者真身. 般若者惠命
也. 解脫者法財也.)하여 수행하는 것은, 육신은 허망한 환상
(幻相)이고 목숨은 자성(自性)이 없으며 재산은 공(空)이라는
것을 알게 되었는데 무엇을 나(我)라고 하겠는가?

일체의 법(法)은 단지 가명(假名)이고 하나의 고정된 실체가
없는 것이니 나의 육신이라고 하는 것은 사대(四大)와 오음(五

陰)으로 이루어진 것이므로 각각으로 나누면 내가 아니고 화합하여도 역시 무자성(無自性)인 것이다.

안팎으로 찾아보면 물거품 같고 아지랑이와 같으며 또 파초와 같이 열매를 맺지 못하는 환화와 같고 거울에 보이는 형상이나 물속의 달과 같은 것으로 궁극적으로 보면 진정한 사람은 없게 되는데도 이것을 분명하게 요달하지 못하고 허망하게 집착하여 자신이라고 알고 있는 것이다.

진실이 아닌 것을 나라고 마음대로 탐착하여 살생하고 도둑질하며 음행에 빠져 방황하며 밤낮으로 부지런하게 업(業)을 짓고 있는 것이다.

비록 진실 된 실체가 아니라고 하더라도 선악의 과보는 마땅히 받게 되는데 그림자가 형상을 따르는 것과 같이 받게 되는 것이라고 관조하면 악(惡)을 구하지 않게 된다.

而養身命, 應自觀身, 如毒蛇想, 為治病故, 受於四事.

身著衣服, 如裹癰瘡, 口飡滋味, 如病服藥.

節身儉口, 不生奢泰, 聞說少欲, 深樂修行.

故經云. 少欲頭陀, 善知止足, 是人能入賢聖之道.

何以故. 惡道眾生, 經無量劫, 闕衣乏食, 叫喚號毒, 饑寒切楚, 皮骨相連, 我今暫闕, 未足為苦.

是故智者, 貴法賤身, 勤求至道, 不顧形命, 是名淨修身業.

신명(身命)을 위하여 공양하는 것을 자기 스스로 마땅히 육신을 관조(觀照)하기를 독사와 같다고 생각하며 병을 치료하는 것이므로 사사(四事)의 공양을 받는 것이다.

몸에 옷을 입는 것은 악성종기가 안에 있는 것과 같이 하고 입으로 음식을 먹는 것은 병을 치료하기 위하여 약을 복용하는 것과 같이 하여야 한다.

몸에 알맞게 먹고 절제하며 언행(言行)을 검소(儉素)하게 하니 자만하고 태만하지 않고 소욕지족(少欲知足)의 법을 알고 수행하는 것을 아주 좋아한다.

그러므로 경에 말씀하셨다. "소욕지족(少欲知足)의 두타행(頭陀行)을 하는 수행자는 근본적으로 절제할 줄을 알고 수행하므로, 능히 현성(賢聖)의 도(道)를 깨닫게 되는 것이다."

어찌하여 그런가 하면 악도(惡道)의 중생들은 무량겁이 지나도록 항상 의복과 음식이 부족하다고 생각하기 때문에, 규환지옥의 고통을 초래하여 굶주리고 추워하는 것이 간절하여 고통스러워하는 것이 피골(皮骨)이 상접하게 하는 것을 내가 지금 잠시 말하였지만 고통은 이 보다 더하다.(何以故. 惡道眾生, 經無量劫, 闕衣乏食, 叫喚號毒, 饑寒切楚, 皮骨相連, 我今暫闕, 未足為苦.)

그러므로 지혜가 있는 수행자들은 법(法)을 귀하게 알고 몸을 천(賤)하게 생각하며 부지런히 지도(至道)의 경지에 살기를 구하며 형색(形色)이나 목숨에 대한 집착을 하지 않고 수행하는 것을 신업(身業)을 청정하게 수행한다고 말하는 것이다.

　　※ 해설 : 신업(身業)의 세 가지인 살생, 투도, 사음행을 계율로 금하고 있는 것은 불가(佛家)에서만 실행하고 있는 것이 아니라 거의 모든 국가에서 법으로 제정해 놓고 있는 것이 사실이다.
　　불교의 수행자가 아니라도 지켜야 하는 것인데 불가(佛家)에서 이렇게 하고 있는 것은 과거에 국가의 권력이 미치지 못하고 문맹인 사람들을 교화하기 위한 것과 불가(佛家)를 수호하기 위한 방편이었던 것이다.
　　수행자들은 무상심지계(無相心地戒)의 차원에서 신업(身業)을 해결하여야 수준 높은 수행자가 되고 천인사(天人師)가 될 수 있다.

2) 구업(口業)

云何淨修口業. 深自思惟, 口之四過, 生死根本, 增長眾惡, 傾覆萬行, 遞相是非.
是故智者, 欲拔其源, 斷除虛妄, 修四實語.
正直柔軟和合如實, 此之四語, 智者所行.
何以故. 正直語者, 能除綺語. 柔軟語者, 能除惡口. 和合語者, 能除兩舌. 如實語者, 能除妄語.

어떻게 하는 것이 구업(口業)을 청정하게 하여 수행한다고 하는 것인가 하면, 자신이 깊게 사유(思惟)하되 입으로 인한 네 가지 과오가 생사(生死)의 근본이 되어 많은 악(惡)을 불러와 만행(萬行)을 못하게 하며 시비(是非)가 끊이지 않게 된다고 사유(思惟)하여 수행해야 한다.

그러므로 지혜가 있는 수행자들은, 그 근원을 뽑아내기 위하여 허황된 망언(妄言)을 하지 않고 네 가지 진실 된 말을 하며 수행한다.

즉 정직(正直)한 말·유연(柔軟)한 말·화합(和合)하는 말·여실(如實)한 말을 하는 이 네 가지 말은 지혜가 있는 수행자가 하는 말인 것이다.

왜냐하면 정직(正直)한 말을 하면 자신이 기어(綺語, 진실하지 않은 말, 꾸미는 말, 농담, 雜語)를 하지 않게 되는 것이고, 유연(柔軟, 부드러운)한 말을 하면 악구(惡口, 험악한 말, 협박하는 말, 두렵게 하는 말)를 하지 않게 되는 것이며, 화합(和合)하는 말을 하면 양설(兩舌, 이간질 하는 말, 화합을 파괴하는 말)하는 말을 하지 않는 것이고, 여실(如實)한 말을 하면 망어(妄語, 거짓말)를 하지 않게 되는 것이기 때문이다.

① 정직한 말

正直語者有二, 一稱法說, 令諸聞者, 信解明了. 二稱理說, 令諸聞者, 除疑遣惑.

정직한 말에는 두 가지가 있는데, 첫째는 불법(佛法)을 정확하게 깨닫고 설(說)하여 듣는 모든 수행자들이 불법(佛法)을 확신하여 깨달아 요달(了達)하게 하는 것이다.

둘째는 불성(佛性)을 정확하게 깨닫고 설(說)하여 듣는 모든 수행자(修行者)들의 의심(疑心)을 제거하고 미혹(迷惑)을 없애주는 말을 하는 것을 정직(正直)한 말을 하는 것이다.

※ 해설 : 정직한 말을 법(法)과 리(理)에 계합하여야 한다고 하고 있다. 법(法)은 불법(佛法)을 말하는 것이며 불법(佛法)과 계합한다고 하는 것은 불법(佛法)을 깨닫는 것을 말하는데 어떻게 깨달아야 정직한 말을 할 수 있는가하면 자신이 불법(佛法)에 맞게 자각하지 못하고 말을 한다면 자신의 말이 아니고 타인의 지식을 전달하는 것이 된다.

그러므로 자신이 불법(佛法)에 맞게 자각하는 것이 먼저이니 진여의 지혜로 말을 하여야 정직한 말을 하게 된다고 하고 있다.

리(理)는 불성(佛性)을 말하는 것으로 공(空)을 알아야 말을 하더라도 의심을 하지 않게 되고 미혹(迷惑)에서 벗어나게 하는 것이다.

정직한 말을 하면 듣는 사람이 말을 듣고 정신을 차리게 되어야 정직한 말이라고 하고 있다.

즉 기어(綺語)와 반대되는 말이므로 불법(佛法)이나 불성

(佛性)을 제대로 알고 진여의 지혜로 말하여야 정직하게 말하는 것이 된다.

기어(綺語)는 확실하지 않은 것을 강요하기 때문에 잘못된 신앙심을 키우거나 허황된 투기심으로 화를 자초하기도 한다.

② 부드러운 말

柔軟語者亦二, 一者安慰語, 令諸聞者, 歡喜親近. 二者宮商淸雅, 令諸聞者, 愛樂受習.

유연(柔軟)한 말에도 역시 두 가지가 있는데, 첫째는 편안하게 위로하는 말로서 듣는 모든 수행자들이 환희심(歡喜心)을 내고 불법(佛法)을 가까이에서 친견할 수 있게 하는 것이다.

둘째는 좋은 목소리로 청아(淸雅)하고 정확하게 말하여 듣는 모든 수행자들이 불법(佛法)을 좋아하여 받아 배우고 익히게 하는 것이다.

※ 해설 : 유연(柔軟)하게 말하는 것은 불법(佛法)을 설하여 환희심을 내게 하는 말을 하여야 하는데 자신이나 단체를 위한 사리사욕을 채우기 위한 말을 하고 또 험담(險談)이나 협박(脅迫)을 하는 등의 악구(惡口)를 하지 말라고 하는 것이다.

그러므로 수행자는 불법(佛法)과 관련되지 않는 말은 하지 말아야 한다.

악구(惡口)는 타인을 억압하여 자신을 나타내는 것으로 군림하려는 마음에서 나타나는 것이므로 유연한 말을 하여야 하지만 부드러운 말이 기어(綺語)가 되면 올바른 가치관이 없는 사람들은 현혹되기 쉬우므로 조심해야한다.

즉 사람이 죽어서 천당이나 극락세계에 태어난다는 것과 죽어서 영혼이 윤회한다든가 아니면 다시 부활한다는 것과, 또 아름다운 목소리나 모습으로 현혹하는 것은 경전에도 형상이나 소리로 여래를 찾는다고 하면 외도라고 하는 것처럼 잘못된 부드러운 언설(言說)이나 모습에 속지 말아야 한다.

부드럽고 유연하며 청아(淸雅)한 목소리로 중생을 유인(誘引)하는 것은 이들이 불법(佛法)을 수지(受持)독송(讀誦)하여 배우고 익혀서 올바른 인생을 살아가게 하려고 하는 것이고 수행자는 불법(佛法)을 배워서 훈습(薰習)하기를 바라기 때문이다.

③ 화합하는 말

和合語者亦二, 一事和合者, 見鬪諍人, 諫勸令捨, 不自稱譽,
卑遜敬物.
二理和合者, 見退菩提心人, 慇懃勸進, 善能分別, 菩提煩惱,
平等一相.

화합하게 하는 말에도 역시 두 가지가 있는데, 첫째는 불법
(佛法)의 지혜로 화합하게 하는 것으로 투쟁(鬪爭)하는 수행자
를 만나게 되면 사무량심(捨無量心)을 내기를 권하여 스스로
자만하지 말고 모두가 겸허히 공손하고 공경하게 하는 것이다.
둘째로는 불성(佛性)으로 화합하게 하는 것으로 보리심에서
물러나는 수행자를 만나게 되면 부지런히 수행하여 정진하기
를 권하여 근본적으로 자신이 분별하게 하여서 보리와 번뇌가
동등한 일상(一相)이라는 것을 깨닫게 하는 것이다.

※ 해설 : 이사(理事)의 논리로 화합하는 말을 설명하는 것은 이
간질하는 말에 의하여 논쟁(論爭)하고 투쟁(鬪爭)하기 쉽기 때
문이다.
불법(佛法)을 모르는 이들은 서로 경쟁하여 항상 이기려고
하는 탐진치(貪瞋癡)의 중생심으로 사는 이들이기 때문에 공
(空)으로 청정하게 살아가려는 마음을 내지 않고 자신의 영달
(榮達)만 노리고 타인을 비천하게 하여 굽신(굽실)거리게 하여
야 한다는 마음이 있어 다투게 되는 것이다.
불법(佛法)으로 화합하여 살아가려고 하면 먼저 자신의 마
음이 불성(佛性)이라는 사실을 알고, 타인의 말을 듣고서 자각
하려는 지혜가 없는 이들에게 보리심을 발(發)하게 해야 차별

분별하는 마음을 내지 않게 된다.

　수행자들이 구업(口業)을 짓지 않는 법은 모든 것을 이사(理事)로 해결하여야 하고 불법(佛法)을 벗어나서 하면 양설(兩舌)의 업(業)을 짓게 되는 것이다.

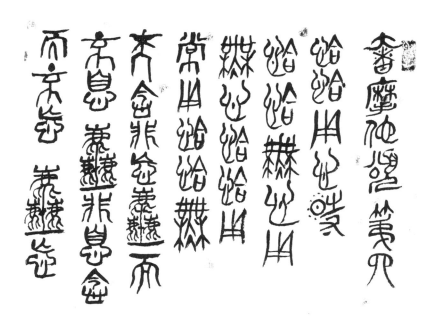

〔사마타〕

④ 여실한 말

如實語者亦二, 一事實者, 有則言有, 無則言無, 是則言是,
非則言非.
　二理實者, 一切衆生, 皆有佛性, 如來涅槃, 常住不變.
　是以智者, 行四實語, 觀彼衆主(*生), 曠劫已來, 為彼四過
之所顚倒, 沈淪生死, 難可出離.

　여실한 말에도 역시 두 가지가 있는데, 첫째는 불법(佛法)의
지혜로 진실을 말하는 것으로 있는 것을 있다고 말하고 없는
것을 없다고 말하는 것이며 또 옳은 것을 옳다고 말하는 것이
고 그른 것을 그르다고 말하는 것을 말하는 것이다.
　둘째로는 불성(佛性)으로 진실을 말하는 것은 일체중생이
모두 불성(佛性)이 있으므로 모두가 여래(如來)로서 열반적정
(涅槃寂靜)의 경지에서 항상 살아가고 있다고 알고 말하는 것
을 여실하게 말한다고 하는 것이다.
　그러므로 지혜가 있는 수행자들은, 네 가지 구업을 짓지 않
는 진실한 말을 하며 중생들은 광겁이래로 그들이 네 가지 과
오(악구, 기어, 양설, 망어)로 전도되어 생사에 윤회하기 때문
에 벗어나기 어려운 것이라고 관조(觀照)해야 한다.

※ 해설 : 여시하게 살아가는 이를 여래(如來)라하고 한도인(閑
道人)이라고 하는 것은 중생심으로 말하지 않기 때문이고 모두
가 평등하다고 알고 있기 때문이다.
　자신의 중생심이나 신앙심으로 불법(佛法)에 맞지 않게 지
식으로 말하는 것은 자신이 타인에게 이용당할 수 있기 때문
에 자신도 알지 못하고 구업(口業)을 지을 수 있다.

수행자들이 거짓말을 할 필요는 없을 것이지만 방편으로 말을 한다고 하면 신중해야 한다.

　　망어(妄語)는 자신이 알고 하든 모르고 하든 자신을 속이고 타인을 속이는 것이므로 진실이 사라지게 되는 것이어서 망어를 하면 오탁악세(五濁惡世)에서 살고 있는 것이 된다.

　　그러므로 불법(佛法)에 맞게 해야 하고 모르면 배워서 빨리 불법(佛法)에 맞게 고쳐 수행해야 한다.

⑤ 구업을 청정하게 하는 법

我今欲拔其源, 觀彼口業, 脣舌牙齒, 咽喉臍響, 識風鼓擊, 音出其中, 由心因緣, 虛實兩別. 實則利益, 虛則損減, 實是起善之根, 虛是生惡之本.

善惡根本, 由口言詮, 詮善之言, 名為四正, 詮惡之語, 名為四邪.

邪則就苦, 正則歸樂, 善是助道之緣, 惡是敗道之本.

是故智者, 要心扶正, 實語自立. 誦經念佛, 觀語實相, 言無所存, 語默平等, 是名淨修口業.

내가 지금 그것의 근원을 뿌리까지 뽑아 없애고자 하여 구업(口業)에 대하여 자세히 살펴보니 말은 입술과 혀·치아에서 인후(咽喉)를 거쳐 단전(丹田)에 울려 소리가 만들어져서 인식작용이 강하게 발동하여 음성(音聲)이 그 속에서 나오는데 마음의 인연에 따라 허와 실 두 가지로 나누어진다.

진실한 말은 이익이 되지만 허망한 말은 손해를 보게 되는데 진실한 말은 선(善)하게 살아가는 근원이 되고 허망한 말은 악(惡)을 만드는 근본이 된다.

선악의 근본은 입으로 하는 말과 의미에 따른 것인데 선한 마음의 말을 네 가지 정어(正語)라고 하고 악한 마음으로 하는 말을 네 가지 사어(邪語)라고 한다.

사어(邪語)는 고통(苦痛)을 만드는 것이고 정어(正語)는 극락으로 가게 하는 것이며 선(善)은 도(道)로 나아가는 인연이 되고 악(惡)은 도(道)를 없애는 근본이 된다.

그리하여 지혜로운 수행자들은 불심(佛心)으로 정직하게 지혜로 살아가기 때문에 스스로 불법(佛法)에 맞게 진실한 말을 하게 된다.

　그리고 외부의 경계에 흔들리지 않게 하도록 송경(誦經)하고 염불(念佛)하며 말의 실상을 관조(觀照)하여서 말이 대상(對相)으로 존재하는 것이 없다는 것을 자각하여 어묵(語默)이 평등하게 되는 것을 구업(口業)을 청정하게 하는 수행을 한다고 한다.

※ 해설 : 구업(口業)은 입에서 나오는 말에 의하여 만들어 지는 것인데 선한 마음으로 말을 하면 정직한 말, 유연한 말, 화합하는 말, 여실한 말이 되지만 악한 마음으로 말을 하면 기어(綺語), 악구(惡口), 양설(兩舌), 망어(妄語)가 되는 것이다.

　세간에 사는 이들은 항상 자신의 입장이나 단체의 입장에 따라 지식이나 신앙심으로 말을 하기 때문에 윤회의 업보를 벗어날 기약이 없다고 하는 것이다.

　그러나 수행자들은 진여의 지혜로 불법(佛法)에 따라 말하기 때문에 자신의 미음은 항상 청정하게 된다.

　마음이 외부의 대상경계에 따라 흔들리는 것을 방지하기 위하여 송경(誦經)하고 염불(念佛)한다고 하는 것을 잘 알아야 신앙심에 의한 기복(祈福)이나 구원(救援)을 받고자 염불하고 송경(誦經)하는 것이 아니라는 사실을 잘 알게 되는 것이다.

3) 의업(意業)

云何淨修意業, 深自思惟, 善惡之源, 皆從心起. 邪念因緣, 能生萬惡, 正觀因緣, 能生萬善.
故經云. 三界無別法, 惟(*唯)是一心作, 當知心是 萬法之根本也.

어떻게 하는 것이 의업(意業)을 청정하게 하여 수행한다고 하는 것인가 하면 자신이 깊게 사유(思惟)하여 선악(善惡)이 모두 근본적으로 마음에서 나오는 것이라고 관조하는 것이다.
즉 삿된 생각을 하는 인연으로 인하여 온갖 악(惡)한 일이 자신에게 생기는 것이고 올바른 지혜로 관조(觀照)하며 살아가는 인연으로 인하여 온갖 선한 일 생기게 되고 자신이 불도(佛道)에 맞게 살아가게 된다.
그러므로 경전에 말씀하시기를, "삼계(三界)에는 특별한 법이 있는 것이 아니고 오로지 이 일심(一心)의 조작으로 만들어진 것이다." 라고 하는 것처럼 바로 이 일심(一心)의 마음이 만법(萬法)의 근본이라는 사실을 분명히 알아야 한다.

※ 해설 : 의업(意業)은 신구(身口)의 업(業)도 마찬가지겠지만 마음을 어디에 두느냐에 따라 십선업(十善業)을 짓고 십악업(十惡業)을 짓는 것이므로 탐진치(貪瞋癡)의 마음을 계정혜(戒定慧)로 전환해야 하는 것이다.
탐진치(貪瞋癡)와 계정혜(戒定慧)는 모두가 잘 아는 것이지만 간략하게 설명을 하면 탐진치(貪瞋癡)에서 탐은 탐욕(貪慾)을 말하는 것이고, 진(瞋)은 진에(瞋恚, 노여움, 분노)인데 탐욕(貪慾)에 의하여 성취하지 못한 것을 나타내는 노여움의 마

76

음이고, 치(癡)는 어리석다는 말인데 '어리석다.' 라고 하는 말을 일반적으로 우둔하고 슬기롭지 않아서 바보라는 의미로 알고 있는데 불교에서 치(癡)는 자신이 지금 자신의 마음을 모르고 탐진(貪瞋)에 빠진 것을 두고 치(癡)라고 하는 것이다.

그러므로 치(癡)는 자신이 하면서도 자신을 모르기 때문에 백천만겁난조우(百千萬劫難遭遇)라고 한다는 사실을 알지 못하고 몇 가지 지식만 조금 더 알면 슬기롭다고 하면서 지혜가 있다고 하는데 이것은 지식이지 지혜가 아니다.

탐진치(貪瞋癡)를 전환하면 계정혜(戒定慧)가 되는 것이므로 치(癡)를 돈오(頓悟)하면 바로 지혜(智慧)로 된다는 사실을 알면 지식을 하나 더 알았다고 해서 모르는 사람을 무시하는 어리석은 짓은 하지 않게 될 것이다.

치(癡)를 돈오(頓悟)하여 지혜(智慧)가 되게 하는 이 마음이 만법(萬法)의 근원이므로 치(癡)로 살아가면 자신의 만법(萬法)이 탐욕의 만법(萬法)이 되는 것이고 진여의 지혜로 살아가면 만법(萬法)이 계정혜(戒定慧)에 맞는 불법(佛法)이 되는 것이며 홀로 자각한 지혜로 살아가면 벽지불(辟支佛, 緣覺, 獨覺)의 만법(萬法)이 된다.

云何邪念, 無明不了, 妄執為我, 我見堅固, 貪瞋邪見, 横計所有, 生諸染著.

故經云. 因有我故, 便有我所. 因我所故, 起於斷常, 六十二見, 見思相續, 九十八使, 三界生死, 輪迴不息.

當知邪念, 眾惡之本, 是故智者 制而不隨.

어떤 것을 삿된 생각이라고 하는가하면 무명(無明)의 근본을 요달(了達)하지 못하고 망념(妄念)에 집착하여 망집(妄執)을 자신이라고 생각하는 아견(我見)이 견고하여 탐진치(貪瞋痴)의 사견(邪見)으로 마음대로 소유하려고 하는 것이 모든 오염된 집착을 만들게 되는 것을 사념(邪念)이라고 한다.

그러므로 경에 말하기를, "아견(我見)이 있음으로 인하여 바로 내가 소유한다는 생각이 있는 것이다." 라고 했다.

내가 소유한다는 생각이 있는 것으로 인하여 단견(斷見)과 상견(常見)의 이견(二見)과 62견(見, 62가지 잘못된 견해)이 일어나게 되고, 견혹(見惑)과 사혹(思惑)이 서로 상속(相續)하여 98사(使, 고집멸도 수도 5부(部)의 98가지 미세번뇌)의 번뇌가 일어나 삼계(三界)에서 번뇌 망념으로 윤회하며 쉬지 못하는 것이다.

마땅히 사념(邪念)이 모든 악(惡)의 근본이라는 것을 알기 때문에, 지혜가 있는 수행자들은 오온(五蘊)과 탐진치(貪瞋痴) 등의 잘못된 사념(邪念)을 제어(制御)하여 따르지 않는 것이다.

※ 해설 : 중생이 오온(五蘊, 色受想行識)이 공(空)이라는 사실을 알지 못하면 62가지의 사견(邪見)이 생기고 사성제(四聖諦, 苦集滅道)와 수도(修道)의 5부(部)에서 미세한 번뇌 98번뇌(使)가 탐진치(貪瞋癡)와 만(慢·我慢·增上慢·邪慢 등), 의(疑·疑網·자신과 스승과 불법을 의심하는 三疑), 신견(身見, 我見과 我所見), 변집견(邊執見, 常見과 斷見), 사견(邪見, 佛法에서 인연법을 부정하는 견해), 견취견(見取見·신견·변집견·사견을 잘못 집착하여 진실이라고 알고 있는 견해), 계금취견(戒禁取見·戒禁等取見·戒取見·戒禁取·道아닌 것을 道라고 아는 견해·잘못된 신앙)에 의하여 잘못된 견해가 생기면 삼계에 윤회하게 되는 것이다.

지혜로운 수행자는 오온이 공(空)이라는 사실과 사성제(四聖諦)를 깨달아 알고 팔성도와 12인연법에 맞게 수행한다.

云何正觀, 彼我無差, 色心不二, 菩提煩惱, 本性非殊, 生死涅槃, 平等一照.

故經云. 離我我所, 觀於平等, 我及涅槃, 此二皆空, 當知諸法, 但有名字.

故經云. 乃至涅槃, 亦但有名字.

又云. 文字性離, 名字亦空.

何以故, 法不自名, 假名詮法. 法既非法, 名亦非名, 名不當法, 法不當名, 名法無當, 一切空寂.

어떻게 하는 것이 올바른 지혜로 관조(觀照)하는 것인가 하면 자타(自他)의 불성(佛性)이 차별이 없고 경계지성(境界之

性)이라는 사실을 자각하면 보리(菩提)와 번뇌(煩惱)의 본성(本性)이 다르지 않고 생사(生死)와 열반(涅槃)도 동등하다고 진여의 지혜로 관조하는 것을 정관(正觀)이라고 한다.

그러므로 경에 말하기를, "아(我, 能)와 아소(我所, 소유하는 경계, 所)를 벗어나 평등하게 관조하면 내가 열반에 이르게 되어 이 둘이 모두 공(空)이 되므로 제법(諸法)은 단지 명칭만 있다는 것을 알아야 한다." 라고 하였다.

경에 말하기를, "열반이라고 하는 것도 역시 명칭일 뿐이라는 것이다." 라고 하였다.

또 말하기를, "언어문자도 본래의 특성을 떠나면 명칭도 역시 없는 것이다." 라고 하였다.

왜냐하면 법(法)은 독자적으로 이름을 가지지 않는 것이고 가명(假名)으로 법(法)을 방편으로 설명하는 것이다.

그러므로 법이 이미 법이 아니라면, 명칭도 역시 명칭이 아닌 것이니 명칭이 법(法)과 맞지 않다면 법(法)도 명칭과 맞지 않는 것이 되어 명칭과 법이 맞는 것이 없으므로 일체가 공적(空寂)하게 되는 것이다.

故經云. 法無名字, 言語斷故, 是以妙相絶名, 真名非字.

何以故, 無為寂滅, 至極微妙, 絶相離名, 心言路絶, 當知正
觀, 還源之要也.

是故智者, 正觀因緣, 萬感斯遣, 境智雙忘, 心源淨矣, 是名
淨修意業.

此應四儀, 六根所對, 隨緣了達, 入道次第云爾.

그러므로 경에 말하기를, "법(法)은 명칭이나 문자(名字)가
없는 것이어서 언어문자를 벗어난 것이기에 묘상(妙相)은 명칭
으로 표현할 수 없고 진실한 명칭은 언어문자로 나타내는 것
이 아니다." 라고 하였다.

왜냐하면 무위법(無爲法)으로 적멸(寂滅)의 경지에서 살아가
는 것은 지극히 미묘한 것으로 형상으로 나타낼 수도 없고 언
어문자로 표현할 수 없는 것이어서 마음이나 언어문자로 아무
리 설명하려고 하여도 할 수 없다는 것을 마땅히 깨달아야 정
관(正觀)이라고 하며 근원으로 돌아가는 수행의 요체(要諦)인
것이다.

그러므로 지혜가 있는 수행자들은 정관(正觀)으로 수행하는
인연(因緣)으로 모든 과보를 이와 같이 제거하고 경계와 지혜
까지도 모두 없어져 본심의 근원이 청정하게 되는 것을 의업
(意業)을 청정하게 하여 수행한다고 하는 것이다.

이것은 응당 사위의(四威儀)에 맞게 육근(六根)으로 대상경
계를 대하는 것에 대하여 설명한 것으로 인연에 따라 요달(了
達)하여 불도(佛道)를 깨닫는 순서가 이와 같다는 것을 설명한
것이다.

※ 해설 : 경계지성(境界之性)은 아상(我相)과 아소(我所)를 벗어나 평등하게 관조하면 모두가 본성(本性)이나 불성(佛性)인 공(空)이 되는 것이다.

공(空)하게 되면 모두가 청정하게 되니 만법(萬法)이 인과연에 의하여 만들어지지만 결국은 공적(空寂)하게 되어 청정한 불국토가 되는 것이다.

그러므로 의업(意業)을 청정하게 하는 것은 근원으로 돌아가는 수행(修行)인 정관(正觀)을 하여야 의식의 대상경계(我所)와 지혜(我)가 공(空)이고 몰종적(沒蹤跡)이 되어 의업(意業)에서 벗어나게 된다.

경에 의하면 오온(五蘊)을 공(空)이라고 자각하는 것을 돈오(頓悟)라고 하는데 돈오(頓悟)하는 법을 색(色)이 공(空)이라고 자각하면 나머지 사온(四蘊)도 공(空)이라고 자각하는 것을 여기에서는 차제(次第)라고 하는 것이므로 이즉돈오(理則頓悟)하면 사비돈제(事非頓除)가 되어야 하는 것이므로 정혜(定慧)가 동시에 행해지는 것이라고 하는 것이다.

4. 사마타의 게송 〔奢摩他頌第四〕 (삼매(三昧), 공(空))

恰恰用心時, 恰恰無心用, 無心恰恰用, 常用恰恰無.

지금 바로 자신이 마음을 낼 때에 지금 바로 무심(無心)하게 마음을 쓰면 무심(無心)한 마음으로 생활하게 되어 항상 무심(無心)한 생활을 하니 지금 바로 망념(妄念)이 없는 생활을 하게 된다.

※ 해설 : 흡흡(恰恰)용심(用心)은 바로 지금 자신이 내는 마음이 대상경계와 하나 되는 것을 말하는 것이므로 지금 바로 청정한 무심(無心)의 마음이면 바로 번뇌 망심(妄心)이 없는 무심(無心)한 한도인(閑道人)으로 살아갈 수 있다.

무심(無心)한 생활을 하려고 하면 앞에 설명하였듯이 경계지성(境界之性)의 경지가 되어야 대상경계와 자신의 마음이 하나 되는 사마타(삼매)의 경지가 되는 것이다.

참고로 무심(無心)은 망념(妄念)이 없는 청정한 마음을 말한다.

夫念非忘塵而不息, 塵非息念而不忘. 塵忘則息念而忘, 念息
則忘塵而息.

忘塵而息, 息無能息, 息念而忘, 忘無所忘.

忘無所忘, 塵遺非對, 息無能息, 念滅非知.

대체로 생각하는 것은 대상경계가 없어지지 않으면 쉴 수가
없는 것이고, 대상경계는 생각을 쉬지 않으면 없어지지 않는
다.

대상경계를 없앤다고 하는 것은 생각을 쉬는 것을 없앤다고
하는 것이므로 생각을 쉬게 되면 대상경계에 대한 망념이 없
어지게 되어 쉬게 되는 것이다.

대상경계에 대한 망념을 쉬게 되어 쉰다는 것은 자신이 쉰
다는 생각도 없어야 하는 것이고, 생각을 쉬면 망념(妄念)이
없게 되며 망념(妄念)이 없으면 대상경계에 대한 망념(妄念)이
없게 된다.

망념(妄念)이 없어서 대상경계에 대한 망념(妄念)이 없게 되
면 대상경계에 대한 차별분별을 하지 않게 되어 대상(對相)과
짝하지 않는 것이니 쉬어도 쉰다는 생각이 없게 되고 망념(妄
念)이 없으니 깨닫는다는 마음도 없게 되는 것이다.

※ 해설 : 사마타(奢摩他)의 수행법(修行法)을 자세하게 설명하
고 있는 부분인데 대상경계와 하나 되는 법은 자신이 육진(六
塵)에 대한 망념(妄念)이 있으면 쉴 수 없으므로 대상경계에 대
한 망념(妄念)이 없다는 마음조차도 없어야 진정한 무심(無心)
의 경지인 경계지성(境界之性)이 되는 것이다.

자신의 자성(自性)이 공(空)이 되어 청정(淸淨)하게 되면 자
신에게 망념(妄念)이 없게 하는 것을 사마타(奢摩他) 수행이라

고 하는 것이고 자신의 망념(妄念)이 없으면 육진(六塵)경계 (境界)에 대한 망념(妄念)도 없게 되는 것은 당연한 것이다.

知滅對遺, 一向冥寂, 聞爾無寄, 妙性天然.
如火得空, 火則自滅. 空喩妙性之非相, 火比妄念之不生.

　깨닫는 다는 마음까지도 없어지게 되어 대상경계와 짝하지 않으면 일념(一念)으로 명적(冥寂)하게 되니 고요하여 한도인 (閑道人)으로 의지함이 없는 본성(本性)으로 천연스럽게 살아 가게 되는 것이다.
　타오르는 불이 허공(虛空)을 만나게 되면 불은 곧바로 저절 로 소멸(消滅)되는 것과 같다.
　허공(虛空)은 묘성(妙性, 본성)으로 상(相, 차별분별)을 초월 한 것에 비유하는 것이고 불은 망념(妄念)도 불생불멸(不生不 滅)이라는 것을 비유한 것이다.

※ 해설 : 여기에서는 대상경계와 하나 되어 몰종적(沒蹤跡)이 되어야 대상경계와 짝하지 않는 천연(天然)의 경지가 된다고 설 하고 있다.
　불이 허공에서 꺼지듯이 망념(妄念)도 공(空)이라는 삼매의 경지를 만나 돈오(頓悟)하게 되면 번뇌즉보리(煩惱卽菩提)가 되어 불생불멸(不生不滅)인 것이다.
　행정은 "知滅結能　對遺結所　二途已泯　一性寂然　能所絶蹤 故云無寄　靈知獨立　乃　曰天然　其道本乎無住　無住心體　靈知 不昧　二喩　此喩下合三合　靈知廣大　取譬於空　能所妄情　猶如

於火 火投空滅 妄至眞傾 一相法門 修應準此"(『선종영가집』권
상(『한국불교전서』7, 177쪽. 상11.) :)라고 능소(能所)가 모두
없어진 몰종적이 되어야 일성(一性)의 경지이고 영지(靈知)이
며 천연(天然)이라고 하고 있다.

   도(道)의 본체가 무주(無住)이고 몰종적(沒蹤跡)이 되어야
불생불멸(不生不滅)의 경지인 것이며 능소(能所)가 모두 망정
(妄情, 妄念)이라는 것을 자각하면 불이 허공에서 꺼지듯이 망
념(妄念)도 역시 진리(眞理)인 공(空)에 의하여 사라지게 된다.

   그리고 함허스님은 "일상(一相)법문(法門)은 능소(能所)라는
차별분별이 모두 없어진 것을 설하는 법문(法門)"이라고 설하
고 있다.(一相法門 能所忘處)

   다시 사족(蛇足)을 달면 사마타수행을 하면 자신의 마음이
허공과 같이 되어 무엇이든지 담을 수 있다는 것을 말하는 것
이니 삼세(三世)를 모두 벗어나 과거나 미래 그리고 현재의 마
음도 모두 내려놓고 허공과 같이 되니 무슨 원한이나 즐거움
이 있을 것인가?

   그리고 불이 모든 것을 태우지만 허공을 만나면 사라지는
것은 번뇌망념을 태우는 것이 불이지만 태운다는 것을 자각
(自覺)하기만 하면 망념(妄念)이 정념(正念)이 되니 공(空)의
위력으로 불생불멸(不生不滅)이 되는 것이 사마타의 수행이다.

其辭曰. 忘緣之後寂寂, 靈知之性歷歷, 無記昏昧昭昭, 契眞本空的的.

惺惺寂寂是, 無記寂寂非, 寂寂惺惺是, 亂想惺惺非.

若以知知寂, 此非無緣知, 如手執如意, 非無如意手.

若以自知知, 亦非無緣知, 如手自作拳, 非是不拳手.

亦不知知寂, 亦不自知知, 不可爲無知, 自性了然故, 不同於木石.

手不執如意, 亦不自作拳, 不可爲無手, 以手安然故, 不同於兔角.

그것을 설명하여 말씀하셨다.

연(緣)을 끊은 후에 적적(寂寂)하여 신령한 깨달음인 영지(靈知)가 분명해지면 무기(無記)와 혼매(昏昧)를 명백하게 알게 되어 진여와 계합하여 본래부터 공(空)이라는 사실을 분명하게 깨닫게 되는 것이다.

성성(惺惺)하여 자신이 지혜가 있어 적적(寂寂)하면 바른 것이고 무기(無記)로 적적(寂寂)하게 되면 잘못된 것이며, 적적(寂寂)하다는 것을 분명하게 아는 지혜가 있으면 맞는 것이고 산란한 생각이 성성(惺惺)하게 있으면 잘못된 것이다.

만약에 지식으로 적적(寂寂)하다는 것을 깨달아 안다고 하여도 이것은 무연(無緣)으로 깨달은 것이 아닌 것이고, 비유하면 손으로 여의주를 잡고 사용하는 것과 같아서 여의주를 사용은 하지만 손이 없는 것이 아닌 것이다.

만약에 자신이 스스로 깨달아 알았다고 하여도 역시 무연(無緣)으로 깨달은 것이 아닌 것은 비유하면 자신이 손으로 주먹을 쥐는 것과 같아서 주먹을 쥐지 않는다고 하여도 손인 것이다.

역시 지식으로 적적(寂寂)하다는 것을 깨달아 알지 않고 역시 자신이 깨달음을 아는 것도 아니라고 하여도 깨달음이 없다는 것이 불가능한 것은 자성(自性)이 분명하여 목석(木石)과는 다르기 때문이다.

손으로 여의주를 잡지 않고 역시 자신이 주먹을 쥐지 않는다고 하여도 손이 없다는 것이 불가능한 것처럼 손은 그대로 있는 것이므로 토끼의 뿔과는 다른 것이다.

※ 해설 : 만연(萬緣)을 모두 끊으면 모두가 영지(靈知)인 해탈의 경지가 되는 것이므로 무기(無記)에서 무부무기(無覆無記)와 혼매(昏昧)를 정확하게 알아 진여와 계합하게 되어 사마타인 공(空)을 알게 된다고 하고 있다.

그리고 만연(萬緣)을 모두 끊어 성성(惺惺)하다는 것은 자신이 대상과 경계지성(境界之性)이 되었다고 아는 것을 말하는 것인데 그러면 대상경계가 청정하게 되어 적적(寂寂)하면 적정(寂靜)이므로 바른 것이다.

그러나 만연(萬緣)이 없는 무기(無記)의 상태에서 적적(寂寂)하면 아무 생각 없이 적적(寂寂)한 경지이므로 혼자서 고요함속에 빠진 것이므로 잘못된 것이라고 하고 있다.

여기에서 적적(寂寂)하다는 것을 알고 깨어 있어 성성(惺惺)하면 바른 수행이고 산란한 생각이 성성(惺惺)하면 잘못된 수행이라고 하고 있다.

지식으로 경계가 적적(寂寂)하다는 것을 깨달아 능소(能所)가 모두 공(空)하여도 만연(萬緣)이 있는 것이어서 경계가 없이 깨달았다고 하는 것을 손과 주먹으로 비유하여 설하며 적적(寂寂)하다는 것에 또다시 안다는 견해를 세우면 잘못된 것이라고 하고 있다.

그리고 다음의 요간(料簡)에 "적적(寂寂)한 본성(本性)이 보조(補助)이고 성성(惺惺)한 지혜를 주(正)로 생각해야 한다."라고 설하고 있다.

　사람은 모두가 각자의 자성(自性)이 있으므로 자성(自性)을 안다고 하는 것에 대하여 자신의 자성(自性)을 대상화하여 자신을 아는 것은 잘못인 것이라고 하는 것이다.

1) 수심점차

　　復次修心漸次者, 夫以知知物, 物在知亦在.
　　若以知知知, 知知則離物, 物離猶知在, 起知知於知, 後知若生時, 前知早已滅.
　　二知既不並, 但得前知滅, 滅處為知境, 能所俱非真.
　　前則滅滅引知, 後則知知續滅, 生滅相續, 自是輪迴之道.

　다음에는 점차(漸次)로 수심(修心)하는 것으로 대체로 대상경계의 사물을 지식으로 알면 사물도 존재하고 안다는 지식도 역시 존재하는 것이다.

　만약에 지식으로 깨달음을 안다고 하면 지식으로 깨닫는 것은 사물을 벗어난 것이고 사물을 벗어났지만 오히려 지식은 존재하는 것이니 지식으로 지식을 깨달아 안다고 하는 것이 되어 뒤의 지식이 생기면 앞의 지식은 이미 사라지는 것이 된다.

　두 개의 안다는 지식은 이미 같이 할 수 없으므로 단지 앞의 지식이 사라지고 나서 사라진 것을 안다는 지식의 대상경계가 되니 능소(能所)가 모두 진실이 아닌 것이 된다.

　앞의 지식이 사라지면서 사라진 지식(知識, 알음알이)을 인식하며 뒤의 지식으로 지식이 사라지는 것을 연속하게 되어 생멸이 상속(相續)하는 것을 자신이 윤회하는 도리라고 한다.

※ 해설 : 수심(修心)하는 점차가 어떻게 이루어지는지에 대하여 지식으로 대상경계를 공(空)이라고 깨달아 알면 대상경계와 깨달음의 지식은 존재하지만 지식을 지식으로 안다고 하면 앞의 지식은 뒤의 안다고 하는 지식이 오면 앞의 지식은 멸하기 때문에 멸한 것을 안다는 것이 능소(能所)가 되는 것은 진실이 아닌 것이다.

　그러므로 윤회도 역시 안다는 지식을 반복해서 아는 것을 생멸(生滅)이라고 하는 것이므로 생멸이 계속해서 이어지기 때문에 생멸(生滅)이 윤회(輪迴)하는 도리(道理)라고 하는 것이다.

　다시 말하면 생사윤회라고 하는 것은 앞의 생각이 사라지면서 다음의 생각을 이끌어 내고 다시 앞의 생각을 계속하게 되는 것을 말하는 것이다.

　그러므로 앞의 생각을 자신이라고 하고 뒤의 생각을 자신이 아니라고 하면 앞이 능(能)이고 뒤가 소(所)가 되고 뒤의 생각이 능(能)이 되면 앞의 생각이 소(所)가 되는 것이므로 능소(能所)가 계속 바뀌는 것이 되므로 참된 것이 아니라고 하는 것이다.

今言知者, 不須知知, 但知而已, 則前不接滅, 後不引起, 前
後斷續, 中間自孤.
　　當體不顧, 應時消滅, 知體既已滅, 豁然如托空, 寂爾少時間,
唯覺無所得.
　　即覺無覺, 無覺之覺, 異乎木石.
　　此是初心處, 冥然絶慮, 乍同死人, 能所頓忘, 纖緣盡淨.
　　聞爾虛寂, 似覺無知, 無知之性, 異乎木石, 此是初心處, 領
會難為.

　　지금 말하는 지식이라고 하는 것은 지식으로 깨닫는 것을
말하는 것이 아니고 단지 지식을 말하는 것으로 즉 앞의 생각
(前念)이 연속해서 사라지지 않고 뒤의 생각(後念)을 끌어내지
않는다면 전후의 생각이 끊어졌다가 이어지게 되므로 중간에
서 스스로 고립된 지식이 되는 것이다.
　　본체(本體)를 짝하여 자신이 돌아보지 않으면 응할 때에 바
로 소멸되어 지식의 본체가 이미 없게 되니 확연하게 공(空)에
의탁하는 것처럼 적정한 짧은 순간을 오직 깨닫는 것은 대상
을 얻는 것이 아니다.
　　즉 깨달음은 대상으로 깨닫는 것이 없는 것이므로 대상으로
깨닫는 것이 없는 것을 깨닫는다고 하여 목석과는 다르다고
하는 것이다.
　　이것이 초심처(初心處)이고 연(緣)을 깨닫는다고 하는 것으
로 사량 분별을 하지 않게 되니 갑자기 죽은 사람처럼 능소
(能所)의 차별분별을 모두 잊게 되어 번뇌가 다하여 청정하게
되는 것이다.
　　고요한 모습이 허공처럼 적멸(寂滅)하여 깨달음이 무지(無
知)인 것처럼 보이지만 무지(無知)의 본성(本性)이 목석(木石)

과는 다르다고 하는 것이며 이것을 초심처(初心處)라고 하는
것이지 깨달음이라고 말하기는 어려운 것이다.

※ 해설 : 만법과 짝하지 않아야 한다고 하는 것은 능소(能所)의
차별분별을 모두 벗어난 것이므로 모두가 청정한 본래의 모습
인 진실한 깨달음이 되는 것이다. 이것을 초심처(初心處)라고
한다.
　이 초심처(初心處)에 들어가고자 하면 앞의 삼업(三業)을 청
정하게 하는 계율을 수지(受持)하고 육근(六根)과 육진(六塵)
이 공(空)이라는 사실을 자각하여 청정하게 되어야 초심처(初
心處)에 들어간 것이다.

入初心時, 三不應有. 一惡, 謂思惟世間五欲等因緣.
二善, 謂思惟世間雜善等事. 三無記, 謂善惡不思, 闇爾昏住.

초심처(初心處)에 들어갈 때에는 세 가지가 반드시 없어야
하는데,

첫째는 악(惡)으로 사유(思惟)하여 세간(世間)의 오욕(五欲)
등의 인연(因緣)으로 이루어진 악한 마음이고,

둘째는 선(善)으로 사유(思惟)하여 세간(世間)에서 많은 선
(善)한 일들을 해야 한다는 생각이고,

셋째는 무기(無記)로 선악(善惡)에 대한 생각이 없지만 고요
하게 혼침(昏沈)에 빠져 있는 것으로 이 세 가지에서 벗어나야
초심(初心)에 들어가게 되는 것이다.

※ 해설 : 초심처(初心處)에 들어가는 법은 선악(善惡)무기(無
記)를 벗어나야 초발심(初發心)이 되는 것이다.

대상경계를 선악(善惡)이나 무기(無記)의 마음으로 관조하면
궁극적으로 원한이나 분별과 회피하는 마음을 벗어나야 하기
때문이다. 왜냐하면 과거의 추억이나 기억이 만약에 다시 일
어나게 되면 홀연히 모두가 환상의 일이라고 알아차리고 다시
빠져 들어가지 않아야 하기에 선악(善惡)무기(無記)를 벗어나
야 하는 것이다.

戒中三應須具. 一攝律儀戒, 謂斷一切惡. 二攝善法戒, 謂修
一切善.
三饒益有情戒, 謂誓度一切眾生.

계율에 맞게 수행하며 세 가지를 반드시 구족(具足)해야 바
른 수행을 하게 되는데,
　첫째는 섭율의계(攝律儀戒)로 일체(一切)의 악(惡)을 끊는
것으로 계율을 정확하게 지킨다는 것도 초월하는 것이고,
　둘째는 섭선법계(攝善法戒)로 일체(一切)를 계율에 맞게 선
법(善法)으로 수행하는 것이고,
　셋째는 유정(有情)들이 유익하게 되는 것을 하는 것으로 일
체중생을 반드시 제도하겠다고 육바라밀을 행하기를 맹서(盟
誓)하는 것이다.

※ 해설 : 그러므로 초심처(初心處)에 들려고 하면 계율에 의하
여 선악(善惡)을 모두 벗어나 일체중생을 모두 제도하겠다는 발
원을 해야 하는 것이다.
　삼취정계(三聚淨戒)를 설명하는 것으로 대승보살의 계법을
설하는 부분이다.
　섭율의계(攝律儀戒), 섭선법계(攝善法戒), 섭중생계(攝衆生
戒)는 소승보살이 아니고 대승보살이 되어야 초심처에 들어가
게 된다고 하고 있다.
　섭율의계(攝律儀戒)는 모든 악(惡)을 끊는 것이지만 대승(大
乘)이라고 하는 것은 악(惡)이라는 생각도 하지 않고 계(戒)를
정확하게 지키는 것이 훈습되어 있으므로 계율(戒律)을 지킨다
는 생각도 하지 않고 생활하는 것을 말한다.
　그리고 섭선법계(攝善法戒)는 악(惡)을 행하지 않으면 행하

는 모든 것이 선(善)이 되는 대승(大乘)의 경지이므로 선(善)을 보고도 행하지 않으면 악(惡)이 된다고 말하는 것은 일체중생을 구제하는 보살도를 실천하는 것을 선법(善法)으로 수행한다고 하는 것이다.

섭중생계(攝衆生戒)는 일체중생을 바르게 제도(濟度)하는 것으로 자신이 먼저 실천하고 그 다음에 중생을 제도(濟度)하되 육바라밀을 실천하는 대승의 보살이 되어야 하는 것이다.

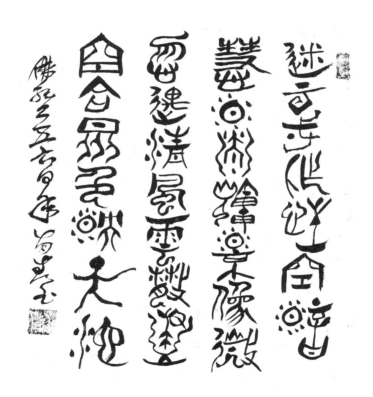

迷雲一作性空暗 慧日沉輝景像微
忽遇淸風雲散盡 空含衆色映天池

定中三應須別.
一安住定, 謂妙性天然, 本自非動.
二引起定, 謂澄心寂怕(泊), 發瑩增明.
三辨事定, 謂定水凝清, 萬像斯鑑.

삼매(三昧)에 맞게 수행하려면 세 가지를 반드시 분별(分別)해야 하는 것이다.

첫째는 안주(安住)하는 삼매(三昧)로 묘성(妙性, 本性)을 본래부터 구족하고 있어서 본래 변하지 않았다고 자각(自覺)하는 것이다.

둘째는 본성(本性)으로 인도하여 자각(自覺)하게 하는 삼매(三昧)로 마음을 적정(寂定)에 이를 때까지 맑게 하여 아주 분명하게 밝혀서 본성(本性)을 자각(自覺)하는 것이다.

셋째는 본성(本性)의 지혜로 판단하는 삼매(三昧)로 물과 같이 청정한 삼매(三昧)가 되면 모든 대상경계를 이 거울에 비추어 보는 것과 같게 되는 것을 자각(自覺)하는 것이다.

※ 해설 : 대상경계와 삼매가 되는 법을 세 가지로 설명하는데 첫째는 자신의 본성(本性)이 본래부터 있었다고 알아야 자성(自性)이 불성(佛性)이라는 것을 알게 되어 어느 누구나 수행하면 되는 것이다.

두 번째는 마음이 삼매가 될 때까지 맑게 하여 구경(究竟)에는 모두가 본성(本性)이라는 것을 자각하게 하는 것이다.

세 번째는 대상경계와 하나 되어 모두가 거울에 비친 만상(萬象)이 불성(佛性)으로 이루어진 자성(自性)이고 경계지성(境界之性)이라는 것을 자각하는 것이다.

慧中三應須別.

一人空慧, 謂了陰非我, 即陰中無我, 如龜毛兎角.

二法空慧, 謂了陰等諸法, 緣假非實, 如鏡像水月.

三空空慧, 謂了境智俱空, 是空亦空.

　지혜에 맞게 수행하려고 하면 반드시 세 가지를 분별(分別)해야 한다.

　첫째는 아공(我空)을 아는 지혜인데 오음(五陰, 五蘊)이 내가 아니라는 것을 요달(了達)하는 것으로, 즉 오음(五陰)속에는 내가 없는 것이 거북의 털이나 토끼의 뿔과 같다고 자각하는 것이다.

　둘째는 법공(法空)을 아는 지혜인데 오음(五陰)을 요달(了達)하여 공(空)이라는 사실을 자각(自覺)하여 제법(諸法)과 같다는 것을 알면 연(緣)은 거짓이고 진실이 아니게 되어 거울에 비친 대상경계가 물속의 달과 같다는 것을 자각하는 것이다.

　셋째는 공공(空空)을 아는 지혜인데 대상경계와 지혜를 공(空)이라고 요달(了達)하게 되면 능소(能所)가 모두 공(空)한 것이라는 것을 자각(自覺)하여 실천하는 것이다.

※ 해설 : 지혜로 대상경계와 삼매가 되려고 하면 첫째는 자신이 아공(我空)이 되어야 하는 것으로 아상(我相)이 실제로 존재하여 영원하다는 생각을 버리고 오온(五蘊)에 자신의 아상(我想)이 있다는 잘못된 마음을 버리면 진정한 아공(我空)이 된다는 것을 자각하는 지혜를 구족해야 하는 것이고, 둘째는 법공(法空)으로 자신이 알고 있는 만법(萬法)은 항상(恒常)하는 것이 아니고, 또 실상이 아니라는 물속에 비친 달과 같다는 사실을 아는 지혜를 구족해야 법공(法空)이 되는 것이며, 셋째는 공공

(空空)의 지혜로 능소(能所)가 공(空)하다는 사실을 자각하여 대상경계와 삼매(三昧)가 되는 경계지성(境界之性)이라는 사실을 아는 지혜를 구족하여 몰종적(沒蹤跡)의 생활을 해야 하는 것이다.

見中三應須識.
一空見, 謂見空而見非空.
二不空見, 謂見不空, 而見非不空.
三性空見, 謂見自性, 而見非性.

공(空)에 대한 정견(正見)을 정확하게 가지려고 하면 반드시 세 가지를 명확하게 인식(認識)해야 한다.

첫째는 공견(空見)으로 공(空)을 알음알이로 아는 것은 공(空)이 아니라는 것을 자각해야 한다.

둘째는 불공(不空)을 아는 견해(見解)로 불공(不空)을 알고 깨달아 실천한다고 하면 불공(不空)이라는 사실도 초월하여야 한다.

셋째는 본성(本性)이 공(空)이라는 견해(見解)로 자성(自性)을 대상화하여 공(空)이라고 아는 견해(見解)는 자성(自性)을 아는 견해(見解)가 아닌 것이다.

※ 해설 : 정견(正見)을 정확하게 알려고 하면 공(空)에 대한 견해를 명확하게 알아야 하는데 첫째는 공견(空見)으로 공(空)을 지식으로 알면 공(空)이 아니라는 것을 자각(自覺)해야 하는 것은 자신이 진여의 지혜로 알아야 공(空)이 되는 것이고, 둘째는

불공(不空)에 대한 견해인데 자신이 공(空)이라고 알면 대상경계가 공(空)이라고 자각(自覺)하여 공(空)으로 알고 실천해야 불공(不空)이 되는 것이고, 셋째는 본성(本性)이 공(空)이라는 견해(見解)로 자성(自性)을 대상화 하여 공(空)이라고 아는 견해는 자성(自性)이 공(空)이 아니라는 것을 자각해야 자신의 진여 본성(本性)이 공(空)이 되고 경계와 하나 되어 불공(不空)으로 생활하게 된다.

偏中三應須簡. 一有法身, 無般若解脫. 二有般若, 無解脫法身.
三有解脫, 無法身般若, 有一無二故不圓, 不圓故非性.

편협 된 마음을 정확하게 알려고 하면 반드시 세 가지를 구분해야 한다.
첫째는 법신(法身)은 존재하고 반야(般若)와 해탈은 없다고 주장하는 것이다.
둘째는 반야(般若)는 존재하고 해탈(解脫)과 법신(法身)이 없다고 주장하는 것이다.
셋째는 해탈(解脫)은 존재하고 법신(法身)과 반야(般若)가 없다고 주장하는 것을 편협 된 견해라고 하는 것으로 한 개만 있다고 주장하고 두 개가 없다고 주장하는 것은 원만한 것이 아니고 원만하지 않으면 본성(本性)이 아닌 것이다.

※ 해설 : 편협 된 마음을 정확하게 알아 본성(本性)이 무엇인가를 정확하게 알려고 하면 법신(法身)과 반야(般若)와 해탈(解

脫)이 원만하게 이루어져야 하는데 여기에서 하나씩만 존재한 다고 알고 수행하면 원만한 본성의 삼매를 이루지 못하는 것이 다.

〔사마타〕

又偏中三應須簡. 一有法身般若, 無解脫. 二有般若解脫, 無法身.

三有解脫法身, 無般若, 有二無一故不圓, 不圓故非性.

또 편협 된 마음을 정확하게 알려고 하면 반드시 세 가지를 구분해야 한다.

첫째는 법신(法身)과 반야(般若)는 존재하고 해탈(解脫)이 없다고 주장하는 것이다.

둘째는 반야(般若)와 해탈(解脫)은 존재하지만 법신(法身)이 없다고 주장하는 것이다.

셋째는 해탈(解脫)과 법신(法身)은 존재하지만 반야(般若)가 없다고 주장하는 것으로, 두 개만 있다고 주장하고 한 개는 없다고 주장하는 것은 원만한 것이 아니니 원만하지 않으면 본성(本性)이 아닌 것이다.

※ 해설 : 또 편협 된 마음을 정확하게 알려고 하면 법신(法身)과 반야(般若)와 해탈(解脫)이 원만하게 이루어져야 하는데 여기에서 두 개씩만 존재한다고 알고 수행하면 원만한 본성의 삼매(三昧)를 이루지 못하고 편협 된 마음인 것이다.

圓中三應須具.

一法身不癡卽般若, 般若無著卽解脫, 解脫寂滅卽法身.

二般若無著卽解脫, 解脫寂滅卽法身, 法身不癡卽般若.

三解脫寂滅卽法身, 法身不癡卽般若, 般若無著卽解脫. 舉一卽具三, 言三體卽一.

그러므로 원만한 삼매(三昧)를 이루어 수행하려고 하면 반드시 세 가지를 구족해야 한다.

첫째는 법신(法身)으로 어리석지 않고 반야지혜가 있어야 하는 것이고 반야지혜에 집착이 없으면 해탈하는 것이니 해탈하여 적멸(寂滅)하게 되면 법신(法身)이 되는 것이다.

둘째는 반야지혜에 집착이 없으면 해탈하게 되는 것으로 해탈하여 적멸하게 되면 법신(法身)이니 법신(法身)이 어리석지 않으면 반야의 지혜(智慧)가 되는 것이다.

셋째는 해탈(解脫)하여 적멸하게 되면 법신(法身)이 되는 것이고 법신(法身)이 어리석지 않으면 반야지혜가 있는 것이며 지혜(智慧)에 집착이 없으면 해탈하게 되는 것이다.

법신과 반야지혜와 해탈에서 하나를 들어 제시하면 셋을 구족하여야 하는 것으로 세 가지의 이름이 있지만 본체는 하나인 것이다.

※ 해설 : 법신(法身)과 반야(般若)와 해탈(解脫)이 서로가 원만하게 잘 조합되어야 올바른 수행을 하는 것이지 각자로 분리되어서는 원만하지 않게 되어 편협 된 마음이 된다.

법신(法身)은 공신(空身)이므로 무상(無相)이라는 사실을 자각하고 반여의 지혜를 구족하여 성상(性相)이 체공(體空)이라는 것을 알고 집착하지 않으면 해탈하고 적정한 법신(法身)이 되는 것이다.

즉 다시 말하면 마음이나 본성으로 차별 분별하는 마음이 없는 것을 청정 법신(法身)이라고 하고 이 법신(法身)이 무상(無相)이라는 사실을 깨달아 아는 것을 반야지혜를 구족하였다고 하고 이것을 한 법(法)도 집착하지 않게 되면 해탈하여 보살도를 실천한다고 하는 것이다.

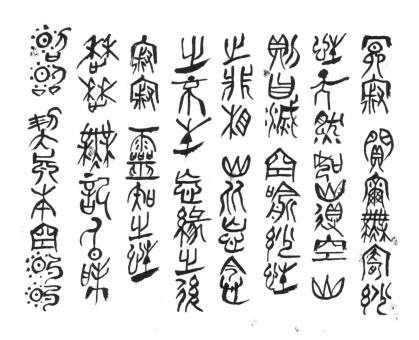

〔사마타〕

此因中三德, 非果上三德, 欲知果上三德, 法身有斷德邇, 因斷惑而顯德, 故名斷德. 自受用身有智德, 具四智眞實功德故, 他化二身, 有大恩德. 他受用身, 於十地菩薩, 有恩德故, 三種化身, 於菩薩二乘, 異生有恩故.

앞에서 설한 이것은 인위(因位) 가운데에 삼덕(三德, 법신, 반야, 해탈)이 있는 것을 말한 것이고, 과위(果位)에서 삼덕(三德)을 말하는 것이 아니므로 과위(果位)에서 삼덕(三德)을 알고자 하면 법신(法身)에는 일체의 미혹을 끊어버리는 공덕(功德)이 있어 미혹을 끊음으로 인하여 공덕(功德)이 드러나므로 단덕(斷德)이라고 한다.

자수용신(自受用身, 報身)에는 지덕(智德)이 있는데 사지(四智)를 구족하여 진실한 공덕(功德)이 있기 때문에 이신(二身, 法身과 生身)과는 같지 않고 제불(諸佛)이 자비로 중생을 구제하려는 은덕(恩德)이 있으므로 지덕(智德)이라고 한다.

타수용신(他受用身)은 십지(十地)보살(菩薩)에게 은덕(恩德)이 있는 것으로 이 세 종류의 화신(化身)은 보살(菩薩)과 이승(二乘, 대승과 소승, 성문과 연각)과 이생(異生, 범부, 중생)에게 은덕(恩德)이 있는 것이다.

※ 해설 : 과위(果位)에는 단덕(斷德)과 지덕(智德) 그리고 은덕(恩德)이 있고 인위(因位)에는 법신(法身)과 반야(般若)와 해탈(解脫)이 있다.

인위(因位)의 보살에게 법신(法身)과 반야(般若)와 해탈(解脫)이 있는 것은 법신(法身)은 진여의 본체이고 반야는 진여의 지혜이고 해탈은 진여의 지혜로 속박에서 벗어난 것을 말한다.

과위(果位)에 단덕(斷德)과 지덕(智德) 그리고 은덕(恩德)이 있다고 하는 것은 단덕(斷德)은 번뇌를 끊어 법신(法身)이 나타나게 하는 공덕이 있으므로 단덕(斷德)이라고 하는 것이고, 지덕(智德)은 제법(諸法)을 원만하게 요달하여 관조하는 평등한 지혜의 공덕(功德)이 나타나기 때문이고, 은덕(恩德)은 내외를 청정하게 하여 자신의 중생심을 버리고 법(法)을 구하므로 일체중생을 자비(慈悲)로 제도하고자 하여 공덕(功德)이 있는 것이다.

〔사마타〕

三諦四智, 除成所作智, 為緣俗諦故.

然法無淺深, 而照之有明昧, 心非垢淨, 而解之有迷悟.

舡入初心, 迷復何非淺, 終契圓理, 達始何非深.

迷之失理而自差, 悟之失差而即理, 迷悟則同其致, 故有漸次名焉.

삼제(三諦, 空假中)가 사지(四智, 平等性智·妙觀察智·大圓鏡智·成所作智)에서 성소작지(成所作智)를 제외하는 것은 속제(俗諦)를 반연(攀緣)으로 하기 때문이다.

그러므로 법(法)에는 심천(深淺)이 없는데도 관조(觀照)하면 밝고 어두움이 있고 마음은 더럽고 맑음이 없는데 마음을 깨닫는 것에는 미혹과 깨달음이 있는 것이다.

처음으로 초심(初心)에 들어가면 미혹이 반복하기 때문에 어찌 수행이 얕지 않다고 할 수 있으며, 구경에 원만한 진리에 계합하여 본성(本性)을 통달하면 어찌 수행이 깊지 않다고 할 수 있겠는가?

미혹하면 진리를 상실하게 되어 자신이 차별하게 되고 깨달으면 차별을 하지 않게 되어 진리에 계합하는 것이지만, 미혹과 깨달음도 곧 구경에는 본체가 같은데 도달하게 되는 것이므로 점차(漸次)라는 명칭만 있다고 말하는 것이다.

※ 해설 : 공가중(空假中)은 진제(眞諦)의 입장에서 설한 것이므로 성소작지(成所作智)는 속제(俗諦)에 속하므로 공가중(空假中)에 속하지 않는다고 하는 것이다.

그러므로 사지(四智)인 大圓鏡智·平等性智·妙觀察智·成所作智에서 대원경지(大圓鏡智)는 8식을 전환하여 얻는 밝은 거울에 비친 것과 같은 삼매의 맑고 분명한 진여의 지혜이므로 중

(中)이라고 할 수 있고, 평등성지(平等性智)는 7식을 전변(轉變)하여 얻어지는 차별분별이 없는 무루의 진여지혜이므로 공(空)이라 할 수 있고, 묘관찰지(妙觀察智)는 6식을 전변(轉變)하여 얻는 무루의 진여지혜이므로 가(假)라 할 수 있고, 성소작지(成所作智)는 전오식(前五識)을 전변(轉變)하여 얻어지는 지혜이므로 속제(俗諦)로 삼제(三諦)에서 제외하는 것이다.

즉 성소작지(成所作智)는 전오식(前五識)으로 행하는 모든 것을 소작(所作)이라고 하는 것이므로 소작(所作)하여 얻는 일반적인 지혜이므로 속제(俗諦)라고 한다.

수행하면 어느 누구나 모두가 평등하지만 수행하는 마음에 따라 차이가 있는 것은 불법(佛法)에 미혹하면 속제(俗諦)로 설명하여 초심(初心)에 들어가서도 미세한 차별 분별의 마음을 내므로 수행이 얕다고 하고 본성과 계합하면 원만한 삼매(三昧)의 경지에 들게 되어 진여의 지혜를 체득하므로 올바른 수행자라고 할 수 있다. 법(法)은 본래부터 차별 분별이 없지만 불법(佛法)에 미혹하면 속제(俗諦)로 설명하여 초심에서부터 점차적으로 본성과 계합하게 되어 완전한 삼매의 경지에 이르게 되어 진여의 지혜를 체득하게 되므로 점차(漸次)라고 말만 하는 것이라고 설하고 있다.

사족(蛇足)을 붙여서 쉽게 설명하면 어느 누구나 부처인데 자신이 부처라는 사실을 알지 못하는 이유는 자신의 가치관이 어디에 있느냐에 따라 지혜와 진여의 지혜로 나누어진다고 하는 것이지 자각하면 점차(漸次)도 없다고 하고 있다.

2) 오념(五念)

復次初修心人, 入門之後, 須識五念. 一故起, 二串習, 三接
續, 四別生, 五即靜.
故起念者, 謂起心思惟世間五欲, 及雜善等事.
串習念者, 謂無心故憶, 忽爾思惟善惡等事.
接續念者, 謂串習忽起, 知心馳散, 又不制止, 更復續前, 思
惟不住.
別生念者, 謂覺知前念是散亂, 即生慚愧改悔之心.
即靜念者, 謂初坐時, 更不思惟世間善惡, 及無記等事, 即此
作功, 故言即靜.

다음에 처음으로 수심(修心)하는 수행자가 입문(入門)한 이
후에는 반드시 오념(五念)을 알아야 하는데, 첫째는 고기념(故
起念)이고, 둘째는 관습념(串習念)이고, 셋째는 접속념(接續念)
이고, 넷째는 별생념(別生念)이고, 다섯째는 즉정념(即靜念)이
다.
① 고기념(故起念)이란, 마음을 내어 세간의 오욕(五慾)과 잡다
  한 선(善)한 일들을 사유하는 것이다.
② 관습념(串習念, 慣習念)이란, 마음을 억지로 내지 않고 생각
  을 하게 되는 것을 말하는 것으로 홀연히 선악(善惡)등의 일
  을 사유하는 것이다.
③ 접속념(接續念)이란, 관습적으로 홀연히 생각이 일어나서 마
  음이 흩어져 달아나는 것을 알지만 제지(制止)하지 않고 다
  시 앞의 생각에 이어서 반복하여 사유하며 머물러 자각하지
  않는 것이다.
④ 별생념(別生念)이란, 전념(前念)이 산란(散亂)하다는 것을

자각(自覺)하여 알고는 참괴(慚愧)하고 참회(懺悔)하는 마음을 내는 것이다.
⑤ 즉정념(卽靜念)이란, 처음부터 좌선(坐禪)할 때에 다시는 세간(世間)의 선악(善惡)과 무기(無記)등의 일은 사유(思惟)하지 않고 차사(此事)로 공덕(功德)을 이루게 하므로 적정(寂靜)하게 된다.

串習一念, 初生者多, 接續故起二念, 懈怠者有, 別生一念, 慚愧者多, 卽靜一念, 精進者有.
串習接續故起別生, 四念為病. 卽靜一念為藥. 雖復藥病有殊, 總束俱名為念.
得此五念, 停息之時, 名為一念相應, 一念者靈知之自性也.
然五念是一念枝條, 一念是五念根本.

관습념은 처음으로 수행하는 사람에게 많은 것이고, 접속념(接續念)과 고기념(故起念)은 게으른 사람에게 있는 것이고, 별생념(別生念)은 참괴(慚愧)를 할 줄 아는 수행자에게 많은 것이고, 즉정념(卽靜念)은 정진하는 수행자에게 있는 것이다.
관습념・접속념・고기념・별생념을 병(病)이라고 하는 것이고, 즉정념(卽靜念)은 약(藥)이 되는 것이다.
비록 약(藥)과 병(病, 禪病)은 다르지만, 모두가 구경에는 망념(妄念)이 되는 것이기에 념(念)이라고 하는 것이다.
이 오념(五念)을 체득하여 망념(妄念)을 모두 쉬게 되는 것을, 일념(一念)으로 상응(相應)하게 되었다고 하는 것이며, 일념(一念)이란 자성(自性)을 불성(佛性)과 같다고 깨닫는 것이다.

그러므로 오념(五念)은 일념(一念)의 가지가 되는 것이고, 일념(一念)은 오념(五念)의 근본(根本)이 되는 것이다.

※ 해설 : 마음을 5가지로 분리하여 관습념·접속념·고기념·별생념·즉정념(即靜念)이라고 하고 있다.

수행하고자 하는 마음이 게으른 사람은 일부러 오욕(五慾, 재물욕, 색욕, 식욕, 명예욕, 수면욕)이나 시비(是非, 옳고 그름이나 말다툼)를 일삼는 수행자에게는 고기념(故起念)과 접속념(接續念)이 있다.

고기념(故起念)은 일부러 마음을 내어 자신의 오욕과 사소한 일들을 사유하는 것이고 접속념(接續念)은 일어나는 생각을 따라 계속하여 이어서 생각하는 마음을 내는 것이므로 게으른 수행자가 가진 마음이라고 하는 것이다.

처음 수행하는 수행자들이 가지기 쉬운 마음을 관습념(串習念)이라고 하는데 이제까지 살아오던 것이 고정관념화 되어서 홀연히 습관적으로 일어나는 선악(善惡)등의 일들을 사유하는 것을 수행이라고 알고 있는 수행자들이 가진 마음을 관습념(串習念)이라고 한다.

자신의 잘잘못을 알고 수행하는 수행자들에게 생기기 쉬운 마음을 별생념(別生念)이라고 하는데 자신의 잘잘못을 알고는 앞에 일어난 생각(前念)이 잘못된 것을 참괴(慚愧, 자신의 잘못을 공개적으로 참회하는 것)와 참회(懺悔, 자신의 잘못을 알고 뉘우침)하는 수행자들이 가진 마음이다.

앞의 관습념(串習念)·접속념(接續念)·고기념(故起念)·별생념(別生念)을 병이라고 하는 것은 오온(五蘊)의 마음을 벗어나지 못한 망념(妄念)이 있기 때문이다.

그러나 즉정념(即靜念)은 올바른 수행자들이 가진 마음으로 망념을 극복하여 진제(眞諦)로 생활하기 때문에 어디에서나 공덕(功德)이 있게 된다.

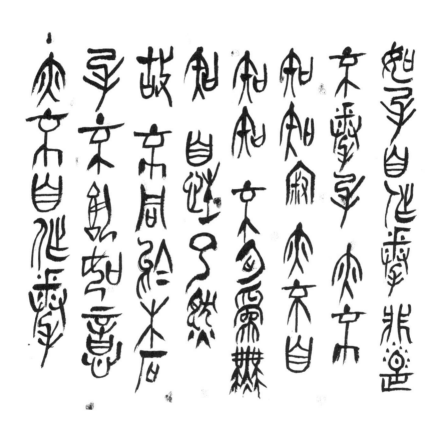

〔사마타〕

3) 6종 요간(料簡)

復次若一念相應之時, 須識六種料簡. 一識病, 二識藥, 三識
對治, 四識過生, 五識是非, 六識正助.

그 다음은 만약에 일념(一念)으로 상응(相應)하려면 반드시
6가지를 요간(料簡)하여야 하는데,
　첫째는 선병(禪病)을 알아야 하고,
　둘째는 약(藥)을 알아야 하고,
　셋째는 약으로 선병(禪病)을 대치(對治, 치료)할 줄 알아야
하고,
　넷째는 약의 과도함을 알아야 하고,
　다섯째는 시비(是非)를 알아야 하고,
　여섯째는 주(正)와 보조(補助)를 알아야 한다.

① 第一病者, 有二種, 一緣慮, 二無記. 緣慮者, 善惡二念也, 雖
復差殊, 俱非解脫, 是故總束名為緣慮.
　無記者, 雖不緣善惡等事, 然俱非真心, 但是昏住, 此二種名
為病.

　첫째로 선병(禪病)에는 두 가지가 있는데, 첫째는 연려(緣
慮)이고, 둘째는 무기(無記)이다.
　연려(緣慮)는 선악(善惡)을 생각하는 마음인데 비록 이것이
다르기는 하지만 모두가 해탈이 아닌 것이기 때문에 선악(善
惡)을 모두 연려(緣慮)라고 하는 것이다.

무기(無記)는 비록 선악(善惡)의 마음은 없지만 진심(眞心)이 아니고 단지 혼침(昏沈)에 빠진 것이므로 이 두 종류(緣慮와 無記)를 선병(禪病)이라고 하는 것이다.

※ 해설 : 일념이 되는 수행을 하기 위해서는 자신의 선병(禪病, 心病)을 자신이 알지 못하면 벗어날 기약이 없어서 올바른 삼매가 되지 않는다.

그러므로 『大慧普覺禪師語錄』卷26(『大正藏』47, 921쪽. 하7.)에 의하면「僧問趙州. 狗子還有佛性也無. 州云. 無. 此一字子, 乃是摧許多惡知惡覺底器仗也. 不得作有無會, 不得作道理會, 不得向意根下思量卜度, 不得向揚眉瞬目處探根, 不得向語路上作活計, 不得颺在無事甲裏, 不得向擧起處承當, 不得向文字中引證, 但向十二時中四威儀內, 時時提撕, 時時擧覺, 狗子還有佛性也無. 云. 無. 不離日用, 試如此做工夫看, 月十日便自見得也. 一郡千里之事, 都不相妨.」(어느 스님이 조주에게 물었다. '개에게 불성이 있습니까?' 조주께서 대답했다. '無!' 이 한 자(字)가 이에 허다한 온갖 중생심으로 아는 것과 깨달은 것(惡知惡覺)을 부러뜨리는(摧) 근원적인 도구이며 주장자이다. (이 無를 체득하려면) 유무(有無)의 차별로 알려고 조작해서는 안 되고, 도리로서 무(無)를 알려고 조작해서도 안 되고, 의식으로 사량 분별하여 체득하려고 하지 말고, 눈썹을 깜박거리고 눈동자를 움직이는 것에 의식(埰根)을 두지도 말고, 화두라는 언어문자에서 알음알이를 내지도 말고, 무사(無事)한 속에서 (화두를 들어 망념이)일어나게 하지도 말고, (화두를)들어(擧) 일어나는 곳에서 승당(承當)하려고 하는 것이며, 언어문자를 인용하여 증명하려고 하여도 안 되고, (마음을 가지고 깨달음을 기다려서도 안 되고, 유무(有無)를 초월한 진무

(眞無)라고 조작하여도 안 되는 것이다. 단지 항상 불법(佛法)에 합당한 사위의(四威儀)내에서 때에 맞게(時時) 無자(字) 화두를 들어 일깨우고(提撕) 때에 맞추어 무(無)자(字)화두를 들어 자각하여야 한다. '개에게 불성이 있습니까?' 조주께서 대답했다. '무(無)!' 라는 화두를 일상생활 가운데에(日用) 놓치지 말고 이와 같이 점검하고(試) 공부하여 지켜 나아가면 월십일이면 바로 자기 스스로 친견하고 체득하게 되는 것이다. 일군(一郡)의 천리(千里)속의 일대사를 자각하여 출세하는 것이므로 아무것도 서로 방해하는 것이 없게 된다.) 라고 하는 것처럼 자신의 선병(禪病)이 무엇인지를 자신이 알아야 바른 수행을 할 수 있는 것이다.

그리고 『歷代法寶記』(『大正藏』51, 193쪽. 상6.)에 의하면 「又破淨病, 涅槃相病, 自然病, 覺病, 觀病, 禪病, 法病. 若住此者, 即為有住病. 法不垢不淨, 亦無涅槃佛. 法離觀行, 超然露地坐. 識陰般涅槃, 遠離覺所覺, 不入三昧, 不住坐禪, 心無得失.」 병이 위와 같이 있는데 이것을 남김없이 해결하지 않으면 병이 있는 것이므로 연려와 무기(無記)를 벗어나야 하는 것이지 법(法)에 병이 있는 것은 아닌 것이다.

② 第二藥者, 亦有二種, 一寂寂, 二惺惺. 寂寂謂不念外境, 善惡等事, 惺惺謂不生, 昏住無記等相. 此二種名為藥.

둘째로 약(藥)에도 역시 두 종류가 있는데, 첫째는 적적(寂寂, 고요함)이고, 둘째는 성성(惺惺, 지혜가 있어 깨어 있는 것)이다.
적적(寂寂)은 외부의 대상경계인 선악(善惡)등의 일을 생각하지 않는 것이고, 성성(惺惺)은 지혜가 있어서 혼침(惛沈, 昏沈)으로 무기(無記)등의 상(相)에 빠지지 않는 것으로 이 두 가지를 약(藥)이라고 하는 것이다.

※ 해설 : 병을 알았으면 약을 알아야 하는데 약에는 선병(禪病)을 가라앉히는 법으로 신심(身心)의 대상경계가 적적(寂寂)해야 하고 그다음은 자신이 지혜가 있어 항상 깨어 있어야 혼침(惛沈)에 떨어지지 않게 되는 것이다.

③ 第三對治者, 以寂寂治緣慮, 以惺惺治昏住, 用此二藥, 對彼二病. 故名對治.

셋째로 대치(對治, 치료)로 적적(寂寂)은 연려(緣慮)를 다스리는 것이고, 성성(惺惺)은 혼침(昏沈)에 빠진 것을 다스리는 것으로 이 두 가지 약을 사용하여 두 가지 선병(禪病)을 제거하는 것이므로, 대치(對治)라고 하는 것이다.

④ 第四過生者, 謂寂寂久生昏住, 惺惺久生緣慮, 因藥發病. 故云過生.

넷째는 약의 과도함으로 적적(寂寂)함이 오랜 동안 지속되면 혼침(昏沈)에 빠지게 되고, 성성(惺惺)이 변하지 않고 계속 지속되면 선악(善惡)의 연려(緣慮)하는 마음에 빠지게 되는데, 이것은 약으로 인하여 선병(禪病)이 발생하게 되므로 약의 과도함을 알아야 한다고 하는 것이다.

※ 해설 : 적적(寂寂)은 연려(緣慮)를 치료하고 성성(惺惺)은 혼침(惛沈, 昏沈)에 빠진 것을 치료하는 것이지만 적적(寂寂)한 생활을 즐기게 되면 약이 오히려 병이 되어 혼침(惛沈, 심소(心所)의 작용)이 된다.
  그리고 성성(惺惺)한 지혜에 빠져 고정관념화 되어 연려(緣慮)가 되는 것을 약(藥)이 과도하다고 하는 것이다.

⑤ 第五識是非者, 寂寂不惺惺, 此乃昏住, 惺惺不寂寂, 此乃緣慮, 不惺惺不寂寂, 此乃非但緣慮, 亦乃入昏而住, 亦寂寂亦惺惺, 非唯歷歷, 兼復寂寂, 此乃還源之妙性也.

此四句者, 前三句非, 後一句是. 故云識是非也.

다섯째는 시비(是非)를 정확하게 판단하여 아는 것은, 적적(寂寂)하지만 성성(惺惺)하지 않으면 이것이 바로 혼침(昏沈)에 떨어진 것이고, 성성(惺惺)하지만 적적(寂寂)하지 않으면 이것이 바로 연려(緣慮)에 떨어진 것이고, 성성(惺惺)하지도 않고 적적(寂寂)하지도 않으면 이것은 바로 비단 연려(緣慮)에 떨어진 것일 뿐만 아니라 혼침(昏沈)에 빠져 살게 되는 것이고, 또한 적적(寂寂)하고 역시 성성(惺惺)하게 되어 역력(歷歷)할 뿐만 아니라 다시 적적(寂寂)하게 되면 이것이 바로 근원으로 돌아간 묘성(妙性, 본성)을 자각하게 되는 것이다.

이 사구(四句)에서 앞의 삼구(三句)는 틀린 수행이고, 뒤의 일구(一句)는 바른 수행이므로 시비(是非)를 알아야 한다고 하는 것이다.

※ 해설 : 자신이 일념(一念)에 상응(相應)한 삼매의 마음인지 아닌지를 정확하게 판단하는 것을 적적(寂寂)과 성성(惺惺)을 4가지로 분류하여 설하고 있다.

첫째는 자신이 경계와 적적(寂寂)하지만 성성(惺惺)하지 않으면 혼침(惛沈)에 떨어진 것이고, 두 번째로 자신이 지혜가 있어 성성(惺惺)하지만 적적(寂寂)하지 않으면 연려(緣慮, 선악의 마음)에 떨어진 것이며, 세 번째로 자신이 적적(寂寂)하지도 성성(惺惺)하지도 않으면 연려(緣慮)와 혼침(惛沈)에 떨어진 것이고, 네 번째로 자신이 적적(寂寂)하고 성성(惺惺)하

다는 것을 분명하게 알고 경계와 적적(寂寂)하게 되면 묘성(妙
性)과 상응(相應)하여 시비(是非)를 알고 일념(一念)이 된다고
하는 것이다.

⑥ 第六正助者, 以惺惺為正, 以寂寂為助, 此之二事體不相離.

　여섯째는 정(正)과 보조(補助)를 알아야 한다고 하는 것은,
성성(惺惺)하게 지혜가 있어야 한다는 것을 정(正)으로 해야
하는 것이고, 적적(寂寂)한 본성(本性)이 보조(補助)하여야 하
는 것으로 이것에서 두 가지 사체(事體, 體用)는 서로 떨어질
수 없는 것이다.

　猶如病者, 因杖而行, 以行為正, 以杖為助.
　夫病者欲行, 必先取杖, 然後方行.
　修心之人, 亦復如是, 必先息緣慮, 令心寂寂, 次當惺惺, 不
致昏沈, 令心歷歷.
　歷歷寂寂, 二名一體, 更不異時.
　譬夫病者欲行, 闕杖不可, 正行之時, 假杖故能行.
　作功之者, 亦復如是, 歷歷寂寂, 不得異時, 雖有二名, 其體
不別.

　마치 병자가 지팡이를 의지해서 걷는다고 하는 것과 같은
것으로 걷는 것이 정(正)이 되고 지팡이는 보조(補助)가 되는

118

것이다.

　일반적으로 병자(病者)가 걷고자 하면 반드시 먼저 지팡이를 취하여 의지한 후에 비로소 걸을 수 있는 것이다.

　본성(本性)으로 살아가고자 하는 수행자도 역시 이와 같아서 반드시 먼저 연려심(緣慮心)을 쉬어야 마음이 적적(寂寂)하게 되고 그 다음에는 당연히 성성(惺惺)하게 되어 혼침(昏沈)에 빠지지 않고 마음을 역력(歷歷)하게 하여야 하는 것이다.

　역력(歷歷)과 적적(寂寂)은 이름만 두 개이고 본체는 하나이므로 다시 다르게 행하는 것이 아니고 함께 행(行)하는 것이다.

　비유하면 일반적으로 병자(病者)가 걷고자 하여도 지팡이가 없으면 걸을 수 없는 것처럼 바르게 걷고자 하면 지팡이를 의지하여야 자신이 걸을 수 있는 것과 같은 것이다.

　본성(本性)으로 수행하고자 하는 이들도 역시 이와 같아서 역력(歷歷)과 적적(寂寂)을 다르게 행하는 것이 아니고 같이 동시에 행(行)하는 것은 비록 이름이 두 가지로 있지만 그 본체는 다른 것이 아니기 때문이다.

※ 해설 : 성성(惺惺)을 주(主)로 하고 적적(寂寂)을 보조(補助)로 하는 것은 체용(體用)으로 말하면 용(用)을 주(主)로 하고 체(體)를 보조로 한다고 하지만 체용(體用)을 동시에 행해야 하는 것이다.

又曰. 亂想是病, 無記亦病, 寂寂是藥, 惺惺亦藥.

寂寂破亂想, 惺惺治無記, 寂寂生無記, 惺惺生亂想.

寂寂雖能治亂想, 而復還生無記, 惺惺雖能治無記, 而復還生亂想.

故曰. 惺惺寂寂是, 無記寂寂非, 寂寂惺惺是, 亂想惺惺非.

寂寂爲助, 惺惺爲正, 思之.

또 말했다.

난상(亂想)이 병(病)이고 무기(無記)도 역시 병(病)인데 적적(寂寂)은 약(藥)이고 성성(惺惺)도 역시 약(藥)이 된다.

적적(寂寂)은 난상(亂想)을 없애고 성성(惺惺)은 무기(無記)를 다스리지만, 적적(寂寂)은 무기(無記)를 만들 수 있고 성성(惺惺)은 난상(亂想)을 만들 수 있다.

적적(寂寂)이 비록 난상(亂想)을 능히 다스릴 수 있지만 다시 무기(無記)를 만들 수 있고, 성성(惺惺)이 비록 무기(無記)를 능히 다스릴 수 있지만 다시 난상(亂想)을 만들 수 있다.

그러므로 말했다.

성성(惺惺)하여 적적(寂寂)하면 바른 수행이고, 무기(無記)로 적적(寂寂)하면 바른 수행이 아닌 것이고, 적적(寂寂)하고 성성(惺惺)하면 바른 수행이고, 난상(亂想)이 성성(惺惺)하면 바른 수행이 아닌 것이다.

적적(寂寂)한 본성(本性)이 보조(補助)이고, 성성(惺惺)한 지혜를 주(正)로 생각해야 한다.

※ 해설 : 난상(亂想)과 무기(無記)를 다스리는 법은 적적(寂寂)과 성성(惺惺)이 되어야 하는 것이고 적적(寂寂)과 성성(惺惺)이 동시에 작용해야 일념(一念)으로 상응(相應)하여 바른 수행

이 되는 것이다. 여기가 조사선을 강조하고 있는 부분이라고 할 수 있다.

復次料簡之後, 須明識一念之中五陰.
謂歷歷分別, 明識相應, 即是識陰. 領納在心, 即是受陰. 心緣此理, 即是想陰. 行用此理, 即是行陰. 污穢眞性, 即是色陰.

다음에 요간(料簡)한 후에는 반드시 일념(一念)에 맞게 오음(五陰, 五蘊)을 분명하게 인식(認識)해야 한다.
역력(歷歷)을 설명하고 분별하여 상응(相應)한다는 것을 분명하게 인식하는 것을 바로 식음(識陰, 識蘊)이라고 하는 것이고, 마음에 받아들이는 것을 바로 수음(受陰, 受蘊)이라고 하는 것이고, 마음의 연(緣)은 이 수음(受陰)을 받아들여 도리(道理)에 맞게 생각하는 것이므로 바로 상음(相陰, 想蘊)이라고 하는 것이고, 상음(相陰)을 이 도리(道理)로 행하는 것을 바로 행음(行陰)이라고 하는 것이고, 진성(眞性)을 세간의 탐진치(貪瞋癡)로 오염시키는 것을 바로 색음(色陰)이라고 하는 것이다.

此五陰者, 舉體即是一念, 此一念者, 舉體全是五陰.

歷歷見此, 一念之中, 無有主宰, 即人空慧, 見如幻化, 即法空慧.

是故須識, 此五念及六種料簡, 願勿嫌之.

如取真金, 明識瓦礫, 及以僞寶, 但盡除之, 縱不識金, 金體自現, 何憂不得.

이 오음(五陰, 五蘊)은 본체(本體)에서 말하면 바로 일념(一念)이 되는 것이고 이 일념(一念)은 본체(本體) 모두가 오음(五陰)이 되는 것이다.

이것을 역력(歷歷)하게 친견하면 일념(一念)의 본체 중에도 주재(主宰)할 수 있는 주인공이 없고 곧 아공(我空)이라는 사실을 알게 되는 지혜가 있게 되는 것이고, 일념(一念)이 환화(幻化)와 같다고 친견하면 법공(法空)임을 아는 지혜가 있게 되는 것이다.

그러므로 반드시 이 오음(五陰)과 육료간(六料簡)을 알고 의심하지 않기를 바라는 것이다.

만약에 진금(眞金)을 찾아서 취(取)하려고 할 때에 기와조각이나 자갈과 가짜의 보물을 분명하게 알고, 단지 이와 같은 것들을 모두 제거하기만 하면 금(金)이 무엇인지 몰라도 금(金)의 본체가 저절로 나타나게 되니 얻지 못할 것을 걱정할 필요가 없는 것이다.

※ 해설 : 적적(寂寂)하고 성성(惺惺)하여 일념(一念)과 상응(相應)하게 되면 오온(五蘊)이 공(空)이라는 사실을 확인해야 한다.

그러므로 진금은 아공법공의 지혜이고 기와조각과 자갈은

오념(五念)과 육료간이며 가짜의 보물은 일념(一念)과 오음(五陰, 五蘊)을 말하는 것이 된다.

자신이 어떻게 하면 대상경계와 삼매가 되는가를 여러 측면에서 구분하여 사마타의 게송에서 상세하게 설하고 있는 부분이다.

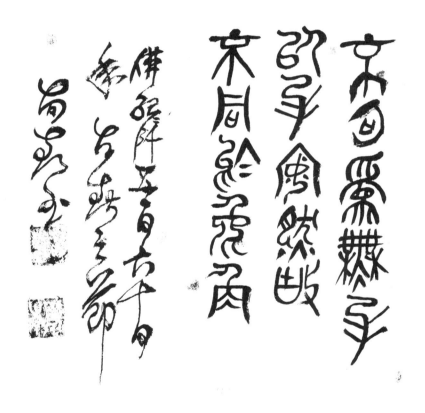

〔사마타〕

5. 위빠사나의 게송 〔毘婆舍那頌第五〕(智慧, 不空)

夫境非智而不了, 智非境而不生, 智生則了境而生, 境了則智
生而了.
智生而了, 了無所了, 了境而生, 生無能生.
生無能生, 雖智而非有, 了無所了, 雖境而非無.
無即不無, 有即非有, 有無雙照, 妙悟蕭然.
如火得薪, 彌加熾盛, 薪喻發智之多境, 火比了境之妙智.

대체로 대상경계는 자신의 지혜가 아니면 깨달아 요달(了
達)할 수 없는 것이고 지혜는 대상경계가 아니면 생길 수 없
는 것이며, 지혜가 생기는 것은 대상경계를 깨달아 요달(了達)
하여야 생기게 되는 것이니 대상경계를 깨달아 요달(了達)하여
야 곧 지혜가 생기는 것을 요달(了達)하여 알게 되는 것이다.
지혜가 생겨 대상경계를 안다고 하는 것은 대상경계를 알아
도 대상(對相)으로 아는 것이 없는 것이고 대상경계를 요달(了
達)하여 지혜가 생긴다고 하는 것도 지혜가 생겨도 대상경계
에서 능히 (지혜가) 생기는 것이 없다는 것을 아는 것을 말하
는 것이다.
지혜가 생겨도 대상경계가 없이 생기는 것이 아닌 것이라고
하는 것은 비록 지혜가 있다고 할지라도 지혜가 있다는 생각
을 하지 않아야 한다는 것을 말한 것이고 대상경계를 알아도
대상(對相)으로 아는 것이 없는 것이라고 하는 것은 비록 대상
경계로 인하여 아는 지혜가 있다고 하는 것이지만 대상경계가
없다고 하는 것은 아닌 것을 말한다.
없다고 하여도 지혜가 없다는 것이 아니고 지혜가 있다고
하여도 있다는 생각을 하지 않아야 하는 것을 말하는 것이므

로 유무(有無)를 쌍조(雙照)하여야 진정한 깨달음이 맑게 나타나는 것이다.

비유하면 불이 연료로 인하여 치성하게 타는 것처럼 연료는 지혜를 만드는 대상경계에 비유한 것이고 불은 대상경계를 요달(了達)하여 아는 진정한 지혜에 비유한 것이다.

※ 해설 : 지혜라는 말이 무엇인가를 알아야 위빠사나가 무엇인지 아는 것과 같은 말이다.

현대를 살아가는 사람들은 지혜를 슬기로 알고 사물의 이치를 바르게 분별하고 일을 정확하게 처리할 방도를 생각해 내는 재능(才能)이라고 알고 있으니 지혜가 슬기라는 사실은 맞지만 언어적인 차이를 분명하게 알아야 한다.

지혜를 사전에는 "사물의 이치나 상황을 제대로 깨닫고 그것에 현명하게 대처할 방도를 생각해 내는 정신의 능력"이라고 하고 있다.

그러나 불교에서 설하고 있는 지혜를 여기에서 정확하게 나타내고 있는데 대상경계를 깨달아 요달(了達)하여 지혜가 생겨 대상경계를 안다고 하는 것은 대상경계를 알아도 대상(對相)으로 아는 것이 없는 것이고 대상경계를 요달(了達)하여 지혜가 생긴다고 하는 것도 지혜가 생겨도 대상경계에서 능히 (지혜가) 생기는 것이 없다는 것을 아는 것이 지혜인 것이다.

대상경계를 요달(了達)해야 한다고 하니까 전문적으로 분석하여 알고 더 좋은 새로운 대상경계를 만들어야 슬기로운 지혜가 있다고 알고 누군가가 물으면 대답할 대처를 한다든지 아니면 누구도 할 수 없는 대상경계를 만들어야 한다고 알고 있으면 새로운 특허품이든지 신세계가 되어야 하고 전지전능한 무엇을 추구하는 것이 지혜이고 슬기가 되는 것이다.

그러므로 지혜에 대하여 다음에 계속하여 설하고 있으니 잘 이해하고 반드시 알아야 한다.

사마타 다음에 위빠사나를 설하여 대상경계에 의하여 진여의 지혜가 생긴다는 사실을 자신이 알아야 하는 것이다.

其辭曰. 達性空而非縛, 雖緣假而無著, 有無之境雙照, 中觀之心歷落.

若智了於境, 即是境空, 智如眼了花, 空是了花空眼.

若智了於智, 即是智空, 智如眼了眼, 空是了眼空眼.

智雖了境空, 及以了智空, 非無了境智, 境空智猶有, 了境智空智, 無境智不了.

如眼了花空, 及以了眼空, 非無了花眼, 花空眼猶有, 了花眼空眼, 無花眼不了.

그것을 설명하여 말하면, "자성(自性)이 공(空)이라는 사실을 통달하면 속박(束縛)되지 않게 되어 비록 연(緣)이 거짓(假)으로 존재한다고 하여도 집착하지 않게 되고 유무(有無)의 대상경계를 쌍조(雙照)하면 중도(中道)로 관조(觀照)하는 마음이 되어 초연하게 되는 것이다."라고 하였다.

만약에 지혜로 대상경계를 요달(了達)한다고 하면 이것은 대상경계를 공(空)이라고 깨닫는 것이고 지혜는 눈과 같은 것으로 공화(空花)를 명확하게 아는 것이며 공(空)은 공화(空花)도 공(空)이라는 것을 명확하게 아는 안목(眼目)이 있는 것을 말하는 것이다.

만약에 지혜로 지혜를 요달(了達)한다고 하면 이것은 지혜

126

도 공(空)이라고 깨닫는 것이고 지혜는 눈처럼 자신의 안목(眼目)을 깨닫는 것이며 공(空)은 눈으로 보는 것이 공(空)이라는 사실을 깨달아 아는 안목(眼目)이 있는 것을 말하는 것이다.

지혜로 대상경계가 공(空)이라고 깨달아 알고 또 지혜도 공(空)이라고 깨달아 안다고 할지라도 대상경계(所)를 지혜로 요달(了達)하여 아는 것(能)이 없는 것은 아니고 오히려 대상경계를 공(空)이라고 아는 지혜가 있는 것이며 대상경계를 아는 지혜도 공(空)이라고 깨달아 안다고 하는 것이지 대상경계(所)와 지혜로 아는 것(能)도 깨달아 알지 못하는 것이 아닌 것이다.

만약에 안목(眼目)으로 공화(空花)를 공(空)이라고 깨달아 안다고 하고 또 안목(眼目)도 공(空)이라고 깨달아 안다고 하는 것은 공화(空花)와 깨달아 아는 안목(眼目)이 없는 것은 아니고 오히려 공화(空花)를 공(空)이라고 아는 안목이 있는 것이며 공화(空花)를 요달하여 아는 안목(眼目)도 공(空)이라고 아는 안목(眼目)이 있다고 하면 공화(空花)와 공화(空花)를 아는 안목(眼目)을 깨달아 알지 못하는 것이 아닌 것이 된다.

※ 해설 : 자성(自性)이 공(空)이라는 사실을 파악하여야 대상경계를 공(空)이라고 아는 지혜가 있게 되는 것을 설명하고 있다.

경계지성(境界之性)이 되었다는 사실을 자각하는 지혜를 구족하되 이 지혜가 항상 고정되어 있다고 알면 고정된 법이 존재하게 된다.

고정된 법이 존재한다고 하면 지혜가 슬기로운 지식으로 둔갑하게 되어 사물의 이치나 상황을 제대로 깨닫고 그것에 현명하게 대처할 방도를 생각해 내는 정신의 능력이 있게 되어 평등하지 않고 차별화된 것이 될 것이다.

그러므로 다음 단에 제법(諸法)을 무자성(無自性)이라고 설하고 있다.

復次一切諸法, 悉假因緣, 因緣所生, 皆無自性, 一法既爾,
萬法皆然, 境智相從, 于何不寂.
何以故, 因緣之法性無差別. 故今之三界輪迴, 六道昇降, 淨
穢苦樂, 凡聖差殊.
皆由三業四儀, 六根所對, 隨情造業, 果報不同, 善則受樂,
惡則受苦.
故經云. 善惡爲因, 苦樂爲果.

그 다음은 일체의 제법(諸法)은 모두 일시적인 인연법이나 인연으로 인하여 생긴 것으로 모두가 자성(自性)이 없는 것이며 하나의 법(法)이 이미 자성(自性)이 없으면 만법(萬法)도 모두 자성(自性)이 없는 것이니 경계와 지혜는 서로 따르는 법인데(相從) 어찌 적정(寂靜)하지 않을 수 있겠는가?
왜냐하면 인연(因緣)으로 인한 법의 자성(自性)은 본래 공(空)이므로 차별이 없는 것이다.
그러므로 지금 삼계(三界)에서 윤회(輪迴)하여 육도(六道)를 오가면서 정토(淨土)와 예토(穢土)에서 고락(苦樂)을 받는 것이 범부(凡夫)와 성자(聖者)에 따라 차별이 있다고 하는 것이다.
모두가 삼업(三業)과 사위의(四威儀)로 살면서 육근(六根)으로 대상경계를 상대하는 것이 각자(凡聖)의 마음에 따라 업(業)을 짓는 것이기에 과보(果報)가 같지 않은 것이므로 선업

128

(善業)을 지으면 낙과(樂果)를 받게 되고 악업(惡業)을 지으면 고과(苦果)를 받게 되는 것이다.

　그러므로 경에 말하기를, "선악(善惡)은 인(因)이고 고락(苦樂)은 과(果)가 되는 것이다." 라고 하였다.

※ 해설 : 제법(諸法)이 무자성(無自性)이므로 지혜도 역시 무자성(無自性)이 되어야 하는 것이다.

　자성(自性)과 대상(對相)경계(境界)가 공(空)이라는 사실을 알지 못하여 범부(凡夫)와 성자(聖者)의 차별이 있다고 설하고 있듯이 공(空)을 알지 못하여 선악(善惡)이 업인(業因)이 되고 고락(苦樂)은 업과(業果)가 된다는 사실을 알지 못하여 삼계(三界)에서 윤회하게 된다는 사실을 알아야 한다.

當知法無定相, 隨緣搆集, 緣非我有. 故曰性空, 空故非異,
萬法皆如.

故經云. 色即是空, 四陰亦爾. 如是則何獨凡類緣生, 亦乃三
乘聖果, 皆從緣有.

是故經云. 佛種從緣起. 是以萬機叢湊, 達之者, 則無非道場,
色像無邊, 悟之者, 則無非般若.

故經云. 色無邊故, 當知般若亦無邊.

법(法)은 고정된 모습이 없는 것이고 연(緣)에 따라 이끌려
모인 것이어서 연(緣)에는 아상(我相)이 없다는 것을 당연히
알아야 한다.

그러므로 자성(自性, 本性)을 공(空)이라고 하는 것이며 공
(空)이기 때문에 다르지 않다고 하는 것이므로 만법(萬法)도
모두 이와 같다고 하는 것이다.

그러므로 경에 말하기를, "색즉시공(色卽是空)이므로 오온
(五蘊)에서 나머지 사온(四蘊)도 역시 공(空)이 되는 것이다."
라고 하였다.

이와 같은데 어찌 (만법이) 홀로 범부(凡夫)들에게만 연(緣)
에 따라 생기겠는가? 역시 삼승(三乘)이 얻은 성과(聖果, 열
반)도 모두 연(緣)에 따라 있게 되는 것이다.

그러므로 경에 말하기를, "불종(佛種)은 연(緣)에 따라 일어
나는 것이다."라고 하였다.

이것으로 인하여 모든 사람들이 모여 살아가고 있지만 깨달
아 통달한 사람에게는 좌도량(坐道場)이 아닌 곳이 없게 되어
눈으로 볼 수 있는 대상경계가 무변(無邊)하여도 깨달아 통달
한 사람에게는 반야(般若)가 아닌 것이 없는 것이다.

그러므로 경에 말하기를, "대상경계의 색(色)이 한량(限量)

이 없으므로 반야의 지혜도 역시 한량이 없다는 것을 마땅히 알아야 하는 것이다." 라고 하였다.

※ 해설 : 제법(諸法)은 고정된 법(法)이 없다는 것을 무정상(無定相)이라고 하고 제법(諸法)이 연(緣)에 의하여 만들어진 것이므로 아상(我相)이 없다고 하는 것은 아상(我相)의 근본인 자성(自性)이 공(空)이라는 사실이 인(因)이 되면 인(因)에 의한 연(緣)도 공(空)이 되고 무자성(無自性)이 되는 것이다.

그러므로 인(因)과 연(緣)에 의하여 만들어진 법(法)이 공(空)이 되므로 만법(萬法)이 공(空)이 된다.

오온(五蘊)이 공(空)이라는 사실을 자각하면 어느 누구나 평등하게 되는 것이고 어디나 좌도량(坐道場)이 되므로 대상경계에 따라 반야의 지혜를 구족하게 되는 것이다.

何以故, 境非智而不了, 智非境而不生, 智生則了境而生, 境
了則智生而了.

智生而了, 了無所了, 了境而生, 生無能生.

生無能生, 則內智寂寂, 了無所了, 則外境如如.

如寂無差, 境智冥一, 萬累都泯, 妙旨存焉.

故經云. 般若無知, 無所不知. 如是則妙旨非知, 不知而知矣.

왜냐하면 대상경계는 지혜가 아니면 깨달아 알 수 없는 것
이고 지혜는 대상경계가 없으면 생길 수 없는 것이니 지혜가
생기는 것은 대상경계를 깨달아 알기 때문에 생기는 것이며
대상경계를 깨달아 아는 것은 곧 지혜가 생기므로 깨달아 아
는 것이다.

지혜가 생겨서 대상경계를 정확하게 깨달아 안다고 해도 안
다고 하는 것은 대상으로 아는 것이 아닌 것이고 대상경계를
깨달아 지혜가 생긴다고 하는 것도 지혜가 생기되 스스로 생
긴 것은 아닌 것이다. 지혜가 생기되 스스로 생긴 것이 아니
므로 곧 마음속에서 안다고 하는 지혜는 적적(寂寂)한 것이고
안다고 하는 것을 대상으로 아는 것이 아니므로 곧 외부의 대
상경계는 여여(如如)한 것이다.

여여(如如)와 적적(寂寂)은 같은 것이므로 대상경계와 지혜
도 혼연해서 구별을 할 수 없게 하나가 되면 온갖 얽힌 것들
이 모두 없어지게 되어 묘지(妙旨, 신묘한 玄旨)가 존재하게
되는 것이다.

그러므로 경에 말하기를, "반야의 지혜는 무지(無知, 알음알
이가 없는 지혜)이므로 대상으로 아는 것이 없는 것이다." 라
고 한 것이다. 여시(如是)한 지혜를 묘지(妙旨)라고 하는 것
은 알음알이로 아는 지혜가 아니고 알음알이가 없는 지혜라고

하는 것이기 때문이다.

※ 해설 : 지혜(智慧)는 한자이고 위빠사나(毘婆舍那)는 범어인데 지혜를 앞에서 설명하였듯이 지혜를 깨달음을 얻은 능력이나 사물의 이치나 도리를 잘 분별하는 능력이나 슬기라고 하고 있는데 여기에서 설하고 있는 지혜는 대상경계라는 사물뿐만 아니라 만법(萬法)을 말하는 것이고 대상경계를 잘 분별하여 아는 것을 지혜라고 일반적으로 말하지만 여기에서 설하고 있듯이 불교에서는 대상경계가 공(空)이라는 사실을 요달(了達)해야 하는 반야의 지혜를 설하고 있다.

대상경계를 공(空)이라고 깨달아 요달하는 것을 반야의 지혜라고 하는 것은 대상경계를 일반적인 지식으로 아는 것을 지혜라고 알고 있는 것이어서 세간의 일이므로 무상(無常)한 것이고 윤회하는 것이기에 반야의 지혜가 될 수 없는 것이라는 사실을 잘 알아야 한다.

그리고 경계지성(境界之性)이 되어야 묘지(妙旨)가 있어 진정한 반야의 지혜를 구족하게 된다고 하고 있다.

그래서 반야의 지혜를 무지(無知)라고 하고 있는데 알음알이가 없는 지혜이므로 대상경계를 대상으로 알지 않고 여시(如是)한 지혜를 구족하는 것을 위빠사나의 수행이라고 한다.

(「故經云. 般若無知, 無所不知. 如是則妙旨非知, 不知而知矣.」

『永嘉禪宗集註』卷2(『卍續藏』63, 312쪽. 하12.):「般若 雖以知而爲其用, 苟存其知, 非眞般若矣. 惟其無知, 而無所不知. 如是之知, 則不知而知矣.」)

6. 우필차의 게송 〔優畢又頌第六〕 (정혜, 지관을 실천하는 수행)

夫定亂分政, 動靜之源莫二, 愚慧乖路, 明闇之本非殊.
群迷從暗而背明, 捨靜以求動, 眾悟背動而從靜, 捨暗以求明.
明生則轉愚成慧, 靜立則息亂成定, 定立由乎背動, 慧生因乎捨暗.
暗動連繫於煩籠, 靜明相趨於物表, 物不能愚, 功由於慧, 煩不能亂, 功由於定.
定慧更資於靜明, 愚亂相纏於暗動, 動而能靜者, 即亂而定也, 暗而能明者, 即愚而慧也.

대체로 적정(寂定, 망심과 망상을 끊음)과 산란함으로 구분하지만 움직임(망념이 생기는 것)과 적정(寂靜, 망념이 없음, 열반)의 근원이 차별이 없다는 지혜를 구족하면 어리석음과 지혜는 어긋난 것이 크게 다르지만 그것의 밝음과 어둠의 근본은 다른 것이 아니라는 것을 깨닫게 된다.

미혹한 사람들은 어둠을 추종하며 밝음을 배반(背反)하고 적정(寂靜, 열반)함을 버리고 번뇌 망념으로 (깨달음을) 추구(追求)하지만 깨달은 수행자들은 번뇌 망념을 버리고 적정(寂靜)함을 따르며 어둠(번뇌망념)을 버리고 밝은 보리(自覺)의 지혜를 추구(追求)한다.

밝은 지혜가 생기는 것은 어리석음을 전환(轉換)하여 지혜(위빠사나)를 이루는 것을 아는 것이고, 적정(寂靜)하게 되는 것은 산란함을 쉬어 삼매(사마타)를 이루는 것이니, 삼매가 확고하게 되는 것은 번뇌 망념을 등지는 것으로 인한 것이고, 지혜가 생기는 것은 어둠(어리석음)에 대한 집착도 버린 것(捨)을 아는 것으로 인한 것이다.

어리석음으로 번뇌 망념이 생기는 것은 번뇌의 굴레에 매여 있는 것과 같고, 적정(寂靜)하여 지혜로 살아가면 중생을 서로 정확하게 알게 되니 중생을 어리석게 할 수 없는 공덕(功德)은 지혜로 인한 것이고, 번뇌 망념으로 산란하지 않게 하는 공덕(功德)은 삼매(三昧)에서 비롯되는 것이다.

정혜(定慧)는 다시 고요한 맑음(靜)과 밝은 지혜에 의한 것이고, 어리석음과 산란함은 어리석어 번뇌 망념에 서로 매여 있는 것이나, 번뇌 망념에서도 자신이 적정(寂定)할 수 있는 수행자는 산란함이 바로 삼매가 되고, 어리석음에서도 지혜로울 수 있는 수행자는 어리석음이 바로 지혜가 되는 것이다.

※ 해설 : 우필차는 중도(中道)라는 뜻인데 여기에서는 천태종에서 주장하는 공가중(空假中)에서 중도(中道)에 대하여 설하고 있다.

지관(止觀)이나 정혜(定慧)에서 지(止)나 정(定)은 사마타이고 관(觀)이나 혜(慧)는 위빠사나를 말하는데 우필차나 중도(中道)는 어디에도 치우치지 않고 정혜쌍수(定慧雙修)해야 하는 것이다.

정혜(定慧)를 간단하게 풀이하면 정(定)은 자신의 마음과 의식의 만법(萬法)을 모두 비워 공(空)이 되게 하는 사마타수행이고, 혜(慧)는 자신의 마음으로 만법(萬法)이 생멸(生滅)하는 것을 공(空)이라고 관심(觀心)과 관법(觀法)하는 수행이다.

그러므로 정(定)은 자성(自性)이 공(空)이라는 것을 알고 대상경계가 공(空)이 되게 하는 사마타(奢摩他)수행(修行)을 말하는 것이고, 혜(慧)는 대상경계와 자성(自性)이 모두 공(空)이라고 깨달아 아는 관심(觀心)과 관법(觀法)하는 위빠사나(毘婆舍那)수행(修行)을 말하는 것이다.

사마타(奢摩他)나 위빠사나(毘婆舍那)의 어디에도 치우치지 않게 일심상응하게 수행하는 것을 우필차나 중도(中道)라고 한다.

그리고 지관(止觀)에 대하여 경에서 다음과 같이 설하고 있다.

『注大乘入楞伽經』卷10(『大正藏』39, 503쪽. 중16.):「若約一心圓頓止觀者, 謂法性寂然曰止, 寂而常照名觀.」(만약에 일심(一心) 원돈문에 근거하여 지관이란 법성(法性)이 적정(寂定)한 것을 지(止)라고 하고 (법성을) 항상 적정(寂定)하게 보는 것(照)을 관(觀)이라고 한다.)

『大乘起信論義疏』卷1(『大正藏』44, 178쪽. 상14.):「言修止觀者, 止是定也, 觀是慧也. 對治凡夫二乘心過故者, 凡夫有著有之過, 二乘有著無之過. 為凡著有故令修定, 為二乘人故令修慧.」(지관(止觀)으로 수행한다고 하는 것은 지(止)는 정(定)이고 관(觀)은 혜(慧)이다. 범부와 이승(二乘)이 마음에 과오가 생기는 것을 치료하기 위한 것이라고 하는 것은 범부들이 생사(生死)에 집착을 하는 과오를 치료하는 것이고, 이승(二乘)이 생사(生死)의 집착에서 벗어나지 못하는 과오를 치료하기 위한 것이다. 범부들이 생사(生死)에 집착하는 것을 깨닫게 하기위하여 선정(禪定)수행을 하게하고 이승(二乘)의 수행자들을 진여의 지혜로 수행하게 하기 위한 것이다.)

정혜(定慧)가 분리되면 완전한 수행이 아니기 때문에 정혜쌍수(定慧雙修)나 지관쌍수(止觀雙修)가 되어야 하므로 여기에서 우필차를 설하고 있다.

如是則暗動之本無差, 靜明由茲合道, 愚亂之源非異, 定慧於是同宗, 宗同則無緣之慈, 定慧則寂而常照.

寂而常照則雙與, 無緣之慈則雙奪, 雙奪故優畢叉, 雙與故毘婆奢摩.

以奢摩他故, 雖寂而常照, 以毘婆舍那故, 雖照而常寂, 以優畢叉故, 非照而非寂.

照而常寂故, 說俗而即真, 寂而常照故, 說真而即俗, 非寂非照, 故杜口於毘耶.

이와 같으니 어리석음과 번뇌 망념이 일어나는 것의 근본은 같은 것이므로 적정(寂靜)한 밝은 지혜가 도(道)와 계합하는 것이며, 어리석음과 산란함의 근원도 다른 것이 아니므로 정혜(定慧)도 이와 같이 같은 종지(宗旨)이니 종지(宗旨)가 같은 즉 무연(無緣)의 자비(慈悲)를 베푸는 것이어서 정혜(定慧)가 있으면 곧 적정(寂靜)하게 항상 관조(觀照)하는 수행자로 살아가게 된다.

적정(寂靜)하게 항상 관조(觀照)하는 것은 동시에 함께 하는 것이고(雙與), 무연(無緣)의 자비(慈悲)를 베푸는 것은 정혜(定慧)를 초월한 것이고(雙奪), 정혜(定慧)를 초월하여 실천해야 하는 것이므로(雙奪) 우필차(upekṣā, 捨)라고 하며, 정혜(定慧)를 동시에 함께해야 하는 것(雙與)이므로 위빠사나와 사마타라고 하는 것이다.

사마타(奢摩他)이기에 본래 적적(寂寂)하다고 하지만 항상 관조(觀照)해야 하는 것이고, 위빠사나(毘婆舍那)라고 하는 것은 본래 관조(觀照)하는 것이지만 항상 적적(寂寂)해야 하는 것이고, 우필차(優畢叉)라고 하면 본래 관조(觀照)한다는 마음도 없이 관조하며 적적(寂寂)하다는 마음도 초월(超越)해야 하는 것이다.

관조(觀照)하며 항상 적적(寂寂)하므로 속제(俗諦)라고 말하지만 곧 진제(眞諦)인 것이고, 적적(寂寂)하게 항상 관조(觀照)하므로 진제(眞諦)라고 하지만 곧 속제(俗諦, 假諦)인 것이니, 적적(寂寂)하다는 마음도 초월하고 관조(觀照)한다는 마음도 없으므로 유마거사께서 비야리성에서 불이법문(不二法門)을 설하며 침묵한 것이다.

※ 해설 : 여기에서는 번뇌즉보리(煩惱卽菩提)라는 사실을 파악하게 되면 번뇌나 보리의 근원은 동등하다는 것을 알게 되는 것이다.

정혜(定慧)가 동시이므로 정혜쌍수(定慧雙修)라고 하고 정혜(定慧)를 초월하여 실천하는 것이므로 중도(中道)나 우필차라고 하며 무연자비(無緣慈悲)를 실천한다고 한다.

다시 사마타(奢摩他)는 적정(寂定)하게 항상 관조(觀照)하는 것(寂而常照)이므로 진제(眞諦, 空)라고 하지만 속제(俗諦, 假)이고, 위빠사나(毘婆舍那)는 관조(觀照)하지만 항상 적정(寂定)한 것(照而常寂)이므로 속제(俗諦, 假)라고 하지만 진제(眞諦, 空)라고 하는 것이며, 우필차(優畢叉)는 관조(觀照)한다는 마음도 없이 관조하며 적정(寂定)하다는 마음도 초월(超越)한 것(非寂非照, 非照非寂, 中)이므로 불이법문(不二法門)이나 염화미소(拈花微笑)라고 설하고 있다.

공가중(空假中)에서 무엇이 하나라도 빠지게 되면 이루어지지 않는다는 것을 설하고 있는 것이고 언어문자를 벗어난 진여의 지혜로 몰종적(沒蹤跡)의 생활을 해야 한다고 설하고 있다.

復次觀心十門. 初則言其法爾, 次則出其觀體, 三則語其相應,
四則警其上慢, 五則誡其疎怠, 六則重出觀體, 七則明其是非,
八則簡其詮旨, 九則觸途成觀, 十則妙契玄源.

다시 다음에는 마음을 관조(觀照)하는 10가지 방법이 있다.
첫째는 마음이 법이(法爾)함을 깨달아 안다고 말하는 것이
고,
둘째는 마음을 관조하는 본체를 깨달아 나타나게 하는 것이
고,
셋째는 마음이 어디에나 상응(相應)한다는 것을 깨달아 아
는 것을 말하는 것이고,
넷째는 마음이 증상만(增上慢)에 떨어지는 것을 깨달아 경
계하는 것이고,
다섯째는 마음이 나태하여 관조하지 못하는 것을 깨달아 경
계하는 것이고,
여섯째는 본체를 관조하고 다시 나타나는 것을 깨닫는 것이
고,
일곱째는 마음의 시비(是非)를 명확하게 깨달아 아는 것이
고,
여덟 번째는 종지(宗旨, 敎)와 현지(玄旨, 理)로 관조한 것
이라는 것을 아는 것이고,
아홉 번째는 행주좌와(行住坐臥)할 때에도 항상 관조하는
것이고,
열째는 현지(玄旨)의 근원과 신묘(神妙)하게 계합하는 것을
관조하는 것이다.

① 第一言其法爾者

夫心性虛通, 動靜之源莫二, 眞如絶慮, 緣計之念非殊.
惑見紛馳, 窮之則唯一寂, 靈源不狀, 鑒之則以千差.
千差不同, 法眼之名自立, 一寂非異, 慧眼之號斯存, 理量雙
消, 佛眼之功圓著.
是以三諦一境, 法身之理恒清, 三智一心, 般若之明常照, 境
智冥合, 解脫之應隨機, 非縱非橫, 圓伊之道玄會.
故知三德妙性, 宛爾無乖, 一心深廣難思, 何出要而非路.
是以卽心爲道者, 可謂尋流而得源矣.

첫째는 마음이 법이(法爾)함을 깨달아 안다고 말하는 것이
다.
대체로 마음의 본성은 허공과 같으므로 동정(動靜)의 근원
도 같은 것이어서 진여(眞如)는 번뇌 망념이 없는 것이니 연
(緣)으로 사량(思量)분별(分別)하는 생각도 진여(眞如)로 해야
하는 것이다.
미혹하면 소견(所見)이 복잡하게 일어나지만 그것의 근원을
궁구(窮究)하면 오로지 본성은 적정(寂靜)하다는 것을 깨닫게
되고, 신령한 본성의 근원에서는 형상의 차별이 없지만 대상경
계를 살펴보면 천차만별이 있는 것이다.
천차만별로 같지 않게 보이므로 법안(法眼)이 있어야 자립
(自立)할 수 있다고 하는 것이고, 본성이 적정(寂定)하여 차별
이 없다는 것을 아는 것이므로 혜안(慧眼)이라는 이름이 있게
된 것이고, 여리지(如理智, 근본지, 眞如)와 여량지(如量智, 방
편지, 俗諦)를 모두 소화(消化, 사용)하므로 불안(佛眼)의 공덕
(功德)이 원만하게 나타나는 것이다.

140

이것으로 인하여 삼제(三諦)가 하나하나의 대상경계에 작용하므로 법신(法身)의 여리지(如理智)는 항상 청정한 것이고, 삼지(三智; 外智, 內智, 眞智; 世間智, 出世間智, 出世間上上智; 如理智, 如量智, 中道智)가 하나하나의 마음마다 지혜로 작용하므로 반야의 지혜로 항상 분명하게 관조(觀照)하는 것이고, 대상경계와 지혜도 혼연해서 구별을 할 수 없게 하나로 계합하여 경계지성(境界之性)이 되면 근기(根機)에 따라 해탈하게 되는 것이니, 이것을 자유자재하게 사용하면 원이삼점(圓伊三點, 법신, 반야, 해탈)의 도(道)를 현묘(玄妙)하게 깨닫게 되는 것이다.

그러므로 삼덕(三德, 은덕, 단덕, 지덕; 법신반야해탈의 공덕)이 신묘한 불성(佛性)에 의하여 불성(佛性)으로 이루어진 것이 분명하여 조금도 어긋남이 없다는 것을 알고 일심(一心, 진여심, 본성, 여래장심)으로 살아가면 아주 심오(深奧)하고 위대하여 생각으로 사량 분별하고 이해하려 하여도 할 수 없지만 어찌 생사(生死)에서 출세하는 중요한 방법이 아닐 수 있겠는가?

이것으로 인하여 경계를 상대하여 생기는 마음(卽心)이 바로 도(道)라는 것을 깨닫는다고 하는 것이고, 세간에서 일어나는 번뇌 망념의 원인을 관조(觀照)하고 그 원인을 자각하여 체득하는 것이라고 말할 수 있는 것이다.

※ 해설 : 법이(法爾)는 자연(自然)이나 천연(天然)으로 표현하기도 하고 여래(如來), 여여(如如), 여시(如是), 진여(眞如), 중도(中道)로 나타낼 수 있다.

여기에서 대상경계를 보는 안목인 법안(法眼)이 있어야 자립(自立)이나 독립(獨立)하여 살아갈 능력이 생기고 대상경계를 공(空)으로 보는 법안(法眼)이 있는 것이 자성(自性)에 있다고 아는 안목을 혜안(慧眼)이라고 한다.

그리고 대상경계를 보는 법안(法眼)과 자성을 아는 혜안(慧眼)을 구족하여 진여의 지혜로 보는 불안(佛眼)이 있어야 어디에서나 공덕(功德)이 원만하게 나타나 마음이 바로 도(道)라는 현묘한 지혜가 있어 생사의 윤회를 벗어나게 되는 것이다.

病眼見空花亂墜　玄眸望月月非雙
廻頭轉腦還非是　透過玄關一亦忘

② 第二出其觀體者

祇知一念, 即空不空, 非空非不空.

둘째는 마음을 관조하는 본체를 깨달아 나타나게 하는 것이다.

단지 일념(一念)이 무념(無念)의 일념(一念)이라는 사실을 깨달으면 일념(一念)이 공(空)임을 깨닫고 일념(一念)으로 살아가게 되니 불공(不空)이라는 사실을 깨닫게 되어 공(空)과 불공(不空)이라는 사실을 초월하여야 몰종적의 삶을 살아가게 되는 것이므로 관조하는 본체를 깨달아 나타나게 한다고 하는 것이다.

※ 해설 : 본성(本性)의 본체(本體)를 공가중(空假中)으로 나누어 일념(一念)을 공(空)이라고 알고 일념(一念)으로 대상경계를 공(空)이라고 아는 자성(自性)도 공(空)이라고 알고 상대하는 것을 불공(不空)이라고 하며 가(假)를 설하는 것이다.

공(空)과 불공(不空)을 초월한 것이 중도(中道)라는 사실을 아는 것을 본체가 나타난 것이라고 한다.

③ 第三語其相應者

心與空相應, 則譏毀讚譽, 何憂何喜.
身與空相應, 則刀割香塗, 何苦何樂.
依報與空相應, 則施與劫奪, 何得何失.
心與空不空相應, 則愛見都忘, 慈悲普救.
身與空不空相應, 則內同枯木, 外現威儀.
依報與空不空相應, 則永絕貪求, 資財給濟.
心與空不空非空非不空相應, 則實相初明, 開佛知見.
身與空不空非空非不空相應, 則一塵入正受, 諸塵三昧起.
依報與空不空非空非不空相應, 則香臺寶閣, 嚴土化生.

셋째는 관심(觀心), 관법(觀法)하여 어디에나 상응(相應)한다는 것을 깨달아 아는 것이 무엇인가를 설명하는 것이다.
㉮ 마음이 공(空)하게 되어 경계와 상응(相應)하게 되면, 꾸짖음과 비난(非難)이나 헐뜯음을 받거나 칭찬을 받을지라도 어찌 근심하고 어찌 기뻐하겠는가?
㉯ 육신(肉身, 六根)이 공(空)이라는 것을 알고 경계와 상응(相應)하게 되면 누군가가 나에게 지옥고(地獄苦)의 고통을 받게 하거나 나에게 이익을 주고 향을 바를지라도 무엇을 괴로워하고 무엇을 즐거워하겠는가?
㉰ 의보(依報, 六境)가 공(空)이라는 것을 알고 본성으로 상응(相應)하게 되면, 보시(布施)를 하거나 빼앗는다고 하여도 무엇이 얻은 것이고 무엇이 잃은 것이라고 할 수 있겠는가?
㉱ 마음이 공(空)과 불공(不空)으로 본성과 경계에 상응(相應)하게 되면, 곧 애견(愛見, 번뇌의 견해, 愛見이 空見이 됨)이 모두 사라지고 대승보살로서 자비를 실천하여(不空) 모

두를 제도(濟度)하게 된다.

㉤ 육신(肉身, 六根)이 공(空)과 불공(不空)에 상응(相應)하게 되면, 곧 마음을 고목승(枯木僧)과 같이 부동(不動)의 수행을 하고 외부로는 사위의(四威儀)가 나타난다.

㉥ 의보(依報, 六境)가 공(空)과 불공(不空)에 상응(相應)하게 되면, 탐진치(貪瞋癡)로 치구(馳求)하는 것을 영원히 단절하고 계정혜(戒定慧)에 맞는 재능으로 중생을 제도(濟度)하게 된다.

㉦ 마음이 공(空)과 불공(不空)과 비공비불공(非空非不空)에 상응(相應)하게 되면, 곧 실상(實相)을 돈오(頓悟)하여 분명하게 알게 되니 불지견(佛知見)을 구족하게 되는 것이다.

㉧ 육신(肉身, 六根)이 공(空)과 불공(不空)과 비공비불공(非空非不空)에 상응(相應)하게 되면, 곧 일진(一塵)을 삼매(三昧)로 정확하게 깨달아 알게 되니(正受) 제진(諸塵, 나머지 五境, 색성향미촉)도 삼매(三昧, 等持)가 되는 것이다.

㉨ 의보(依報, 六境)가 공(空)과 불공(不空)과 비공비불공(非空非不空)에 상응(相應)하게 되면, 곧 불전(佛殿)과 보각(寶閣)으로 장엄된 불국토에 화생(化生)하게 되는 것이다.

※ 해설 : 공가중(空假中)을 공(空), 불공(不空), 비공비불공(非空非不空)으로 나누어 설하고 있는데『永嘉禪宗集註』卷2(『卍續藏』63, 315쪽. 상20.)에 의하면「空破見思, 與般若相應. 假破塵沙, 與解脫相應. 中破無明, 與法身相應.」공가중(空假中)에서 공(空)은 반야(般若)와 상응(相應)하고, 가(假)는 해탈(解脫)에 상응(相應)하며, 중(中)은 법신(法身)에 상응한다고 하고 있다.

심(心)이 공(空), 불공(不空), 비공비불공(非空非不空)에 서로 상응하면 견사혹(見思惑)과 진사혹(塵沙惑)과 무명혹(無明

惑)을 파악(把握)하게 되어 자비를 실천하고 불지견(佛知見)을 구족하게 된다.

육신(肉身, 六根)이 공(空), 불공(不空), 비공비불공(非空非不空)에 서로 상응하면 고락(苦樂)을 벗어나 사위의(四威儀)를 구족하여 삼매(三昧)를 이루게 된다.

의보(依報, 六境)가 공(空), 불공(不空), 비공비불공(非空非不空)에 서로 상응하면 재물에 대한 탐진치(貪瞋癡)가 사라지고 계정혜(戒定慧)로 중생을 제도하는 불국토(佛國土)에 화생(化生)하게 된다.

④ 第四警其上慢者

若不爾者, 則未相應也.

　넷째는 마음이 상만(上慢)에 떨어지는 것을 깨달아 경계하는 것이다.
　만약에 자신이 관조(觀照)하여 마음이 법이(法爾)의 경지에 이르지 못하였다고 하면 아직 상응(相應)하지 못한 것이다.

※ 해설 : 법이(法爾)의 경지가 되었다고 하더라도 자신이 상만(上慢, 增上慢, 7慢의 하나)이 생기지 않아야 한다.
　상만(上慢)이라고 하는 것은 증상만(增上慢)의 하나로 자신이 성도(聖道)하지 않았으면서도 성도(聖道)하였다고 하는 자만심(自慢心)에 빠진 것을 말한다.
　일반적으로 자만(自慢)이라고 알고 있는 것인데 만(慢)에는 7만(慢)이나 8만(慢), 9만(慢)이 있는데 『大乘百法明門論開宗義決』(『大正藏』85, 1081쪽. 중20.)에 의하면「言七慢者, 五蘊論云. 一慢. 二過慢. 三慢過慢. 四卑慢. 五邪慢. 六我慢. 七增上慢. 言九慢者, 如發智論第二十卷 俱舍十九 大毘婆沙百九十九 皆說慢類有其九種. 謂卽我勝. 我等. 我劣. 有勝我. 有等我. 有劣我. 無勝我. 無等我. 無劣我.」라고 설하고 있다.
　그리고 『大乘本生心地觀經淺註』卷5(『卍續藏』21, 39쪽. 중14.)에 자세하게 다음과 같이 설명하고 있다.「七慢者. 恃己陵他, 貢高自大. 於佛法中, 自謂滿足. 所計不同, 故有七種. 一慢.(謂同類相傲也. 於相似法中, 執己相似. 又於下劣中, 執己爲勝.)二過慢.(於同類相似法中, 執己爲勝. 或復他人勝於己處, 執爲相似, 言我與他同.)三慢過慢. (於勝爭勝, 他本勝己. 而反

執己勝他， 是為慢過慢.)四我慢.　(恃己陵他也.　倚恃自己所能，
欺陵他所不及.)五增上慢.　(未得，謂得未證謂證也.　本未得上聖
法，謂我已證上聖之法.　即大妄語.)六卑劣慢.　(以劣自誇也，謂
己但有下劣少分之能，反自矜誇，以彼多分之能不及於我也.)七
邪慢.　(自實無德，妄為有德，執著邪見，不禮塔寺，不敬三寶，
不誦經典.)以上為七慢.」

　(자만(自慢)은 자신이 타인보다 우월하다는 생각을 가지는
것으로 첫째로 만(慢)은 동등한 사람을 만나면 같다고 우쭐거
리고 자기보다 못한 사람을 만나면 자기가 뛰어나다고 집착하
는 것이다. 둘째로 과만(過慢)은 자신과 동등한 사람을 만나면
자신이 우월하다고 생각하는 것이고 자신보다 뛰어난 사람을
만나면 자신과 동등하다고 생각하고 말하는 것이다. 셋째는 만
과만(慢過慢)으로 경쟁하여 타인이 자신보다 뛰어난 사람을
보고도 자신이 우월하다고 생각하는 것이다. 넷째는 아만(我
慢)으로 자신이 타인 보다 우월하다고 생각하는 것으로 자신
만 믿고 타인은 자신의 경지에 도달하지 못한다고 업신여기는
생각이다. 그리고 자아심(自我心)이 존재한다고 집착하는 것이
다. 다섯째는 증상만(增上慢)으로 아직까지 깨닫지 못했으면서
증득했다고 생각하는 것이다. 아직까지 위대한 성법(聖法)을
체득하지 못했으면서 타인을 향해서는 자신은 위대한 성법(聖
法)을 증득했다고 생각하고 말하는 큰 거짓말을 말한다. 여섯
째는 비열만(卑劣慢)으로 자신보다 월등하게 뛰어난 사람을
보고도 자신을 자랑하며 그 사람보다 약간만 열등하다고 생각
하는 것이다. 일곱 번째는 사만(邪慢)으로 자신은 덕이 없으면
서 거짓으로 자신이 덕이 있다고 사견(邪見)에 집착하면서 탑
사(塔寺)에 예배하지 않고 삼보를 공경하지 않고 경전(經典)을
보지 않는다고 하는 것이다.)

148

그리고 8만(慢)은 만(慢), 대만(大慢), 만만(慢慢), 아만(我慢), 증상만(增上慢), 불여만(不如慢), 사만(邪慢), 오만(傲慢)이다. 또 9만(慢)은 아승(我勝), 아등(我等), 아열(我劣), 유승아(有勝我), 유등아(有等我), 유열아(有劣我), 무승아(無勝我), 무등아(無等我), 무열아(無劣我)이다.

불법(佛法)으로 수행하는 것은 자신이 수행하는 것이므로 자신이 불법(佛法)을 알고 자신이 7만(慢)이나 8만(慢), 9만(慢)에 떨어지지 않아야 한다.

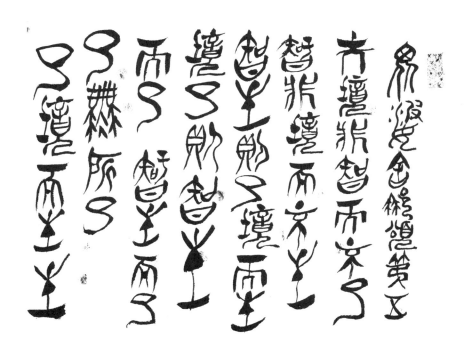

〔위빠사나〕

⑤ 第五誡其疎怠者

然渡海應須上船, 非船何以能渡. 修心必須入觀, 非觀無以明心.
心尚未明, 相應何日, 思之勿自恃也.

다섯째는 마음이 나태하여 관조(觀照)하지 못하는 것을 경계하는 것이다.

생사(生死)하는 번뇌 망념의 고해(苦海)에서 피안(彼岸)의 세계에 가려면 응당 반드시 반야의 배를 타야 하는데 반야의 배를 타지 않고 어찌 피안(彼岸)의 세계에 도달할 수 있겠는가?

마음을 닦는 수행자들은 꼭 반드시 자신의 마음으로 관조(觀照)하여 깨달아야 하는 것인데 마음으로 관조(觀照)하지 않고는 마음을 밝힐 수 없게 된다.

마음을 아직까지도 밝히지 못하였다면 언제 상응(相應)할 수 있을지 잘 생각하여서 자신이 자시(自恃, 교만(驕慢), 자만(自慢))하지 않아야 한다.

※ 해설 : 여기에서는 자신의 마음으로 자신이 자신을 찾아야 하는 것을 하지 않아서 소태(疎怠)라고 하였는데 나태(懶怠)하다고 번역하였다.

자신의 마음을 밝히지 않았다면 어떻게 피안(彼岸)에 도달할 수 있을 날을 기약할 수 있겠는가?

이 마음을 깨달아 올바른 수행을 하지 못한다면 사소한 세속의 유혹에 따라서 자만(自慢)에 떨어지고 탐진치(貪瞋癡)에 빠져들 수 있다는 것을 경계해야 하고 있다.

⑥ 第六重出觀體者

祇知一念即空不空, 非有非無, 不知即念即空不空, 非非有非非無.

여섯째는 본체를 관조(觀照)하고 다시 관조하는 본체를 깨달아야 하는 것이다.
정확하게 일념(一念)이 바로 공(空)이고 불공(不空)이며 비유비무(非有非無, 중도)라는 사실을 안다고 할지라도 그 생각이 공(空)이고 불공(不空)이라는 사실이 대상으로 아는 것이라고 깨달아 알지 못하면 비유비무(非有非無, 중도)라는 것을 초월하여 몰종적(沒蹤跡)의 삶을 살아가지 못하게 된다.

※ 해설 : 자신의 생각이 공(空) 불공(不空) 비유비무(非有非無)라고 깨달아 알았다면 지금의 이 생각을 초월하여야 공(空)과 불공(不空)을 대상으로 알지 않는 비비유비비무(非非有非非無)의 경지가 된다.
천태의 공가중(空假中)을 공(空)과 불공(不空) 그리고 비유비무(非有非無)로 설하고 또 중도(中道)를 비공비불공(非空非不空)이라고 표현하고 있다.
그리고 비유비무(非有非無)를 비비유비비무(非非有非非無)라고 표현하는 것은 중도(中道)까지도 초월한 것을 말하는 것이므로 중도(中道)도 세우지 않아야 한다고 하는 것을 현묘(玄妙)하다고 하는 것이다.
자신이 아는 것의 본체를 관조하여 다시 관조하는 것을 알아야 하는 것이므로 능(能)도 초월해야 한다.

⑦ 第七明其是非者

心不是有, 心不是無, 心不非有, 心不非無, 是有是無即墮是,
非有非無即墮非.
　如是秖是, 是非之非, 未是非是, 非非之是.
　今以雙非破兩是, 是破非是猶是非.
　以雙非破兩非, 非破非非即是是.
　如是秖是非是, 非非之是, 未是不非不不非, 不是不不是.
　是非之惑, 綿微難見, 神清慮靜, 細而研之.

　일곱째는 그 마음의 시비(是非)를 명확하게 깨달아 알아야
하는 것이다.
　마음은 있는 것도 아니고 마음은 없는 것도 아니며, 마음은
있는 것이 아닌 것도 아니고 마음은 없는 것도 아닌 것이 아
니니, 있다거나 없다고 한다면 유무(有無)로 판단하는 것에 떨
어지게 되고, 있는 것도 아니고 없는 것도 아니라고(非有非無)
한다면 유무(有無)도 없다는 부정적인 생각에 떨어지게 된다.
　이와 같이 단지 유무(有無)에 떨어지면 시비(是非)로만 판단
하기 때문에 그른 것으로 아직 시비(是非)도 아니고 부정(否
定)도 아니라는 생각을 가지고 있는 것이 된다.
　지금 모두를 부정(否定)하여 유무(有無)에 떨어진 것을 타파
(打破)하니, 유무(有無)로 아는 것이 없어져 유무(有無)로 알지
않게 되면 오히려 마음을 부정(否定)하게 되는 것이다.
　또 모두를 부정(否定)하여 부정적인 생각에 떨어진 것을 타
파(打破)하니, 부정적인 생각을 하지 않게 되어 즉 마음을 긍
정하게 되는 것이다.
　이와 같이 단지 마음을 긍정하는 것은 긍정하는 것이 아니

152

며 현묘한 지혜의 마음(非非)을 긍정하는 것이고, 마음을 긍정하지 않는 것은 부정도 아니고 부정(否定)아님도 아니므로 긍정도 아니고 긍정이 아니라는 생각도 없어야 하는 것이다.

마음을 시비(是非)로 의혹(疑惑)하는 것은 아주 미묘하여 생각으로 헤아리기 어려운 것이니, 정신을 맑게 하고 생각을 청정하게 하여 자세하게 밝혀야 하는 것이다.

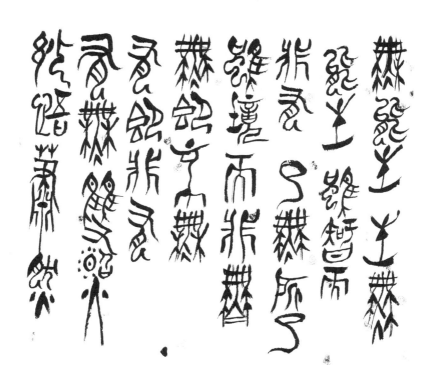

〔위빠사나〕

⑧ 第八簡其詮旨者

然而至理無言, 假文言以明其旨, 旨宗非觀, 藉修觀以會其宗.
若旨之未明, 則言之未的, 若宗之未會, 則觀之未深.
深觀乃會其宗, 的言必明其旨, 旨宗既其明會, 言觀何得存存
耶.

여덟 번째는 그 마음을 나타내는 말(敎, 能詮)과 현지(玄旨,
理, 所詮)를 관조(觀照)하여 분명(簡明)하게 아는 것이다.
지리(至理; 本性, 佛性, 眞理, 空)는 언어문자로 표현할 수
없는 심오한 도리(道理)이지만 말을 빌려 그것의 취지(趣旨,
목적)를 지혜로 밝혀보면 취지(趣旨, 佛性, 空)의 근본(宗)은
관조(觀照)하여 알 수 있는 것은 아니지만 관심(觀心)수행을
하게 되면 불성(佛性)의 근본(宗)을 깨달아 알 수 있게 된다.
만약에 취지(趣旨, 佛性, 空)를 아직 깨닫지 못했다면 언어
문자로 표현을 해도 아직 불법(佛法)에 맞는 말이 아닌 것이고
만약에 불성(佛性)의 근본(宗)을 아직까지 깨닫지 못했다면 관
심(觀心)수행을 한다고 할지라도 깊이 있게 할 수가 없는 것이
다.
심관(深觀, 理觀, 진여와 계합)을 하여 불법(佛法)의 근본
(宗)을 깨달으면 진실한 말을 하게 되어 틀림없이 그것의 취지
(趣旨)를 알게 되고 취지(趣旨, 空)와 근본(宗, 不空)을 이미
깨달아 알았으면 언관(言觀, 언어문자로 사량 분별하여 관조,
中)을 어찌 다시 남겨둘 필요가 있겠는가?

※ 해설 : 전지(詮旨)는 능전(能詮)과 소전(所詮)이므로 자신의 마음은 언어문자에 의하여야 나타나는 것이고 그 언어문자가 무슨 의미인지 관조하여 완전하게 파악하는 것을 소전(所詮)이라 하고 진여의 지혜이니 관조한다는 것까지도 내려놓고 여시하게 중도(中道)로 생활해야 한다.

『永嘉禪宗集註』卷2(『卍續藏』63, 316쪽. 하19.)에 의하면「第八簡其詮旨者. 詮, 即能詮. 旨, 即所詮. 欲其始則因詮而會旨, 終則得兎以忘罤, 故須簡之.(여덟 번째는 그 마음을 나타내는 말(敎, 能詮)과 현지(玄旨, 理, 所詮)를 관조(觀照)하여 분명하게 아는 것에서 전(詮)은 즉 능전(能詮)이고 지(旨)는 소전(所詮)이다.

처음에는 능전(能詮)으로 인하여 소전(所詮)을 깨달아 알아야 하고 마지막에는 토끼를 잡으면 올무가 필요 없다는 것을 반드시 관조하여 분명하게 알아야 한다.) ~~~생략~~~

深觀, 乃會其宗. 的言, 必明其旨.(始因宗而觀深, 藉旨而言的. 終因觀而宗愈會, 藉言而旨愈明.) 旨宗, 既其明會. 言觀, 何得復存耶.(石壁云. 理明則言廢, 智會則觀亡. 且旨即理, 宗即智, 言即敎, 觀即行. 應知理顯因言, 是以忘言. 智明因觀, 是以忘觀. 得兎忘罤, 誠如此也..」)(심관(深觀, 理觀, 진여와 계합)을 하여 불법(佛法)의 근본(宗)을 깨달으면 진실한 말을 하게 되어 틀림없이 그것의 취지(趣旨)를 알게 되고 지(旨)와 종(宗)을 이미 깨달아 알았으면 언관(言觀, 언어문자로 사량 분별하여 관조)을 어찌 다시 남겨둘 필요가 있겠는가?

(석벽이 말했다. 진리(空)를 깨달으면 언어문자로 표현하지 않는 것이고 진여의 지혜로 알면 관조할 것이 없다. 대개 현지(玄旨)는 진리(理)를 깨닫는 것이고 종(宗)은 지혜를 깨닫는 것이며 언어문자는 교학(敎)으로 깨닫는 것이고 관조는 행(行)

을 깨닫는 것이다.

　응당 진리를 깨달아 나타나는 것은 언어문자로 인한 것이나 깨닫고 나면 언어문자를 버려야 하는 것이다. 진여의 지혜가 분명한 것은 관조로 인한 것이라는 것을 깨닫고 나면 관조할 필요가 없듯이 토끼를 잡고 나면 올무가 필요 없는 것과 같다는 것과 같다는 것을 잘 알아야 한다.)

　자신이 바르게 알았으면 바르게 알게 하는 올무는 필요 없게 되는 것과 같은 것처럼 염화미소(拈花微笑)의 마음도 초월하여 한도인으로 살아야 하는 것이다.

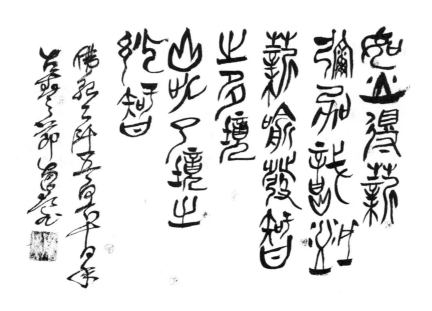

〔위빠사나〕

⑨ 第九觸途成觀者

夫再演言辭, 重標觀體, 欲明宗旨無異, 言觀有逐方移.
移言則言理無差, 改觀則觀旨不異, 不異之旨即理, 無差之理
即宗.
宗旨一而二名, 言觀明其弄引耳.

아홉 번째는 행주좌와(行住坐臥)할 때에도 항상 관조해야 하는 것이다.
다시 언어문자로 말하는 것은 본체(本體)를 관조(觀照)하는 것을 다시 중요하게 표방(標榜)하는 것으로 종(宗)과 지(旨)가 다르지 않다는 것을 분명하게 알면 언어문자로 사량 분별하는 것을 관조하며 마음으로 쫓아가는 것이 지금 변하고 있다는 것을 알게 된다.
말을 바꾸어 말하여도 근본 불성(佛性)은 변하지 않으니 다시 관조하여도 관조하는 취지(趣旨)는 다르지 않고 다르지 않은 취지(趣旨)를 불성(佛性)이라 하고 차별이 없는 불성(佛性)을 자각하는 것을 근본(宗)으로 하는 것이다.
종(宗)과 지(旨)의 근본은 하나이나 이름을 둘로 하는 것은 언어문자로 사량 분별하며 관조해야 하는 것이 방편이라는 것을 명백하게 하고자 하는 것이다.

※ 해설 : 행주좌와(行住坐臥)할 때에도 항상 관조해야 하는 것이 방편이라고 하는 것은 관심(觀心)과 관법(觀法)이 모두 마음으로 하는 것인데 그 마음을 표현하는 것은 언어문자인 것이다.
언어문자가 생기는 것은 대상경계로 인(因)으로 하여 무엇이라는 연(緣)에 의하여 법(法)이라는 언어문자가 마음에 있게

되는 것이다.

그것의 근본인 본체를 관조하면 언어문자로 사량 분별한다는 사실을 알게 되고 사량 분별하는 것을 언어문자로 하고 있으므로 언어문자로 사량 분별하는 근원인 마음이 변하고 있다는 것을 계속 추적하다보면 계속하여 자신의 마음이 변하고 있다는 것을 알게 된다.

그런데 그 마음이 불성(佛性)이 되어야 공가중(空假中)이나 공(空)과 불공(不空), 비공비불공(非空非不空)으로 표현할 수 있고 불법(佛法)이 되는 것이다.

언어문자를 사량 분별하지 않는 그 근본이 불성(佛性)이라는 사실을 깨달으면 언어문자는 명백하게 몰종적의 방편이 되는 것이다.

⑩ 第十妙契玄源者

夫悟心之士, 寧執觀而迷旨, 達教之人, 豈滯言而惑理.
理明則言語道斷, 何言之能議, 旨會則心行處滅, 何觀之能思.
心言不能思議者, 可謂妙契寰中矣.

열째는 현지(玄旨)의 근원과 신묘(神妙)하게 계합하는 것을 관조하는 것이다.

대체로 불심(佛心)을 깨달은 수행자가 어찌 관조(觀照)하는 것에 집착하여 종지(宗旨)를 알지 못할 것이며 부처의 교학(教學)을 통달한 수행자가 어찌 언어문자에 집착하여 불성(佛性)을 알지 못하는 일이 있을 수 있겠는가?

불성(佛性)을 명확하게 깨달으면 언어도단(言語道斷)이 되는데 어찌 언어문자로 논의(論議)할 수 있으며, 종지(宗旨)를 깨달으면 심행처멸(心行處滅, 사량 분별을 하지 않는 것)의 경지가 되는데 어찌 관조(觀照)하면서 사량 분별을 할 수 있겠는가?

마음과 언어문자로 사의(思議)할 수 없는 경지에 도달한 수행자를 참으로(可謂) 신묘하게 환중(寰中, 理事不二, 진여의 지혜, 현지)에 계합하였다고 할 수 있다.

※ 해설 : 자신이 현지(玄旨), 본체(本體), 불성(佛性)에 계합하였다는 것을 알아야 수행자가 되는데 불법(佛法)에 맞게 수행하는 수행자들은 불성(佛性)이나 종지(宗旨)를 모르고 수행하지는 않는다.

불교의 수행자들은 언어문자의 근원이 불성(佛性)이므로 언어문자로 수행하지 않고 진여의 지혜를 초월하여 살아가는 것이다.

月不昇空空不明 雲無潤物物無榮
雨暘和後時方泰 空月騰輝宇宙清

7. 삼승의 점차수행〔三乘漸次第七〕

1) 성자(聖者)의 무연자비와 삼승(三乘)

夫妙道沖微, 理絕名相之表, 至眞虛寂, 量超群數之外.
而能無緣之慈, 隨有機而感應, 不二之旨, 逐根性以區分, 順
物忘懷, 施而不作.
終日說示, 不異無言, 設敎多途, 無乖一揆.
是以大聖慈悲, 隨機利物, 統其幽致, 群籍非殊.
中下之流, 觀諦緣而自小, 高上之士, 御六度而成大.

대체로 묘도(妙道)는 청정하고 미묘하여 이(理, 본성, 불성,
진리)는 명상(名相, 언어문자와 형상)으로 표현(表現)할 수 없
는 것이고, 견성(見性, 至眞, 體悟無邪)하여 허공과 같이 적정
(寂靜)하게 되면 사량(量, 三量, 聖敎量, 思量)하는 것이 삼과
(三科, 온처계, 六根·六境·六識)나 사상(四相, 생주이멸, 생노
병사, 고·공·무상·무아)을 초월하게 되는 것이다.

그러므로 성자(聖者)가 능량(能量, 思量하여 아는 主體)하는
것은 무연자비(無緣慈悲)를 베푸는 것으로 유정(有情, 중생)의
근기에 따라 감응(感應)하는 것이고 불이법문(不二法門)을 하
는 취지(趣旨)는 근성(根性)에 따라 구분하는 것이며 중생들의
근기에 따라 순연(順緣, 佛道를 깨닫게 하는 방편)하게 하는
것(順物)이니 자비를 베풀되 베푼다는 마음이 없으므로 업(業)
을 짓지 않는 것이다.

종일(終日)동안 개시오입(開示悟入)하게 설법을 하여도 무언
(無言)의 불이법문(不二法門)을 설하니 설하는 방편은 다양하
여도 불법(佛法)의 도리에 어긋나지 않게 되는 것이다.

그러므로 위대한 성자(聖者)의 무연자비(無緣慈悲)는 근기에 따라 중생을 이롭게 하는 이타행(利他行)을 실천하는 것으로 그것을 통합(統合)하면 현지(玄旨)를 깨닫게 하는 것이니 모든 경전의 가르침과 종지(宗旨)에 어긋나지 않게 된다.

중하(中下)근기(根機)의 수행자들은 사성제(四聖諦)와 인연법(因緣法)만 관조(觀照)하니 소승(小乘)의 수행자가 되는 것이고 상근기(上根機)의 수행자들은 육바라밀(六波羅蜜)로 수행하니 대승(大乘)의 보살(菩薩)이 되는 것이다.

※ 해설 : 앞에까지는 깨달음이 무엇인지 설하고 이제부터는 성자(聖者)가 실천하는 무연자비(無緣慈悲)는 중생을 이롭게 하는 이타행(利他行)이라는 사실을 설하고 있다.

성자(聖者)는 성문(聲聞)을 시작으로 해서 연각(緣覺)과 보살(菩薩)을 말하는 것이고 더 나아가 부처나 한도인(閑道人)과 조사(祖師)를 말하기도 하지만 부처나 한도인(閑道人)과 조사(祖師)는 이름만 있고 형상(形像)이 없는 것이다.

성문(聲聞)과 연각(緣覺)은 사성제(四聖諦)와 십이인연법(十二因緣法)을 근본적인 수행법으로 수행하는 성자(聖者)이고 보살(菩薩)은 독자적으로 육바라밀(六波羅蜜)을 실천하는 성자(聖者)이다.

그렇지만 중하근기의 수행자가 사성제(四聖諦)나 십이인연법(十二因緣法)으로 수행하는 법에만 빠져 있으면 소승(小乘)의 수행자가 되고 육바라밀을 실천하면 대승보살이 된다.

2) 성문(聲聞)의 수행법

由是品類愚迷, 無能自曉, 或因說而悟解, 故號聲聞, 原其所
修四諦, 而為本行.
觀無常而生恐, 念空寂以求安, 患六道之輪迴, 惡三界之生死.
見苦常懷厭離, 斷集恒畏其生, 證滅獨契無為, 修道惟論自度.
大誓之心未普, 攝化之道無施, 六和之敬空然, 三界之慈靡運,
因乖萬行, 果闕圓常.
六度未修, 非小何類, 如是則聲聞之道也.

이것으로 말미암아 어리석고 미혹하여 스스로 깨달을 수 없
는 근기의 수행자들이 불법(佛法)의 가르침을 듣고 자신이 자
각(自覺)하여 해탈한 수행자를 성문(聲聞)이라고 하는데 사성
제(四聖諦)를 근본적인 수행법으로 수행을 한다.

무상(無常)을 관조(觀照)하고 의심하여 도(道)에 이르게 하
고 공적(空寂)을 생각하여 번뇌(煩惱) 망념(妄念)에서 열반(涅
槃)을 구(求)하고 육도윤회하며 근심 걱정하는 집착을 벗어나
고 삼계(三界)에서 생사(生死)를 싫어하여 고통(苦痛)에서 벗
어나는 것이다.

삼계(三界)의 고통(苦痛)을 알고 항상 싫어하여 벗어나려는
마음을 내는 것이 고제(苦諦)이고 갈애(渴愛)의 집착(執着)을
끊고 항상 애착(愛着)의 망념(妄念)이 생기는 것을 두려워하는
것이 집제(執諦)이고 열반적정(涅槃寂靜)을 증득하여 독자적으
로 무위법(無爲法)에 계합하기를 구하므로 멸제(滅諦)라고 하
며 팔정도(八正道)로 수도(修道)하게 하는 것은 오로지 스스로
제도(濟度)하는 법(法)을 밝히게 하므로 도제(道諦)라고 한다.

큰 서원(誓願)을 마음속에 아직 세우지 않았다면 중생을 제

도하는 자비를 베풀 수 없으니 육화합(六和合; 六根과 六境의 화합, 六和敬)하여 공경(恭敬)하게 한다는 것이 빈말이 되고 삼계(三界)에서 자비를 행할 마음이 없는 것이 되어 육도만행(六度萬行, 육바라밀을 모두다 실천, 일체의 수행)을 할 수 없어 결과가 원만하게 항상(恒常)하지 않는다.

육도만행(六度萬行)을 실천하지 않는다면 소승(小乘)의 수행자(修行者)가 아니고 어떤 수행자라고 하겠는가?

이와 같이 수행하는 수행자를 성문(聲聞)의 수행자라고 한다.

※ 해설 : 성문(聲聞)의 수행자는 사성제(四聖諦)와 팔정도(八正道)로 불법(佛法)에 맞게 수행하는 청빈한 수행자이지만 육바라밀을 실천하지 않으므로 소승(小乘)의 수행자라고 한다.

소승(小乘)과 대승(大乘)을 아직까지도 큰 수레와 작은 수레로 이해하고만 있다면 최상승(最上乘)은 무엇이겠는가?

3) 연각(緣覺)의 수행법

或有不因他話, 自悟非常, 偶緣散而體真, 故名緣覺, 原其所習, 十二因緣, 而為本行.

觀無明而即空, 達諸行而無作, 二因既非其業, 五果之報何醻. 愛取有以無疵, 老死亦何所累.

故能翛然獨脫, 靜處幽居, 觀物變而悟非常, 覩秋零而入真道.

四儀庠序, 攝心慮以恬, 愉性好單棲, 憩間林而自適. 不忻說法, 現神力以化他, 無佛之世 出興, 作佛燈之後焰.

身惟善寂, 意翫清虛, 獨宿孤峯, 觀緣散滅.

利他不普, 自益未圓, 於下有勝, 於上不足, 兩非其類, 位處中乘, 如此辟支佛道也.

혹은 타인(他人)의 가르침에 의하지 않고 자신이 스스로 항상(恒常)하지 않는다는 무상(無常)함을 자각하고 연(緣)이 짝하여 사라지는 인연법(因緣法)의 본체(本體)가 공(空)이라는 사실을 깨닫게 되는 수행자를 연각(緣覺)이라고 하는데 연각(緣覺)은 십이인연(十二因緣)법의 근원을 깨달아 알고 실천하는 수행이 부처가 되는 근본적인 수행법(修行法)이라고 알고 수행하는 수행자를 말한다.

관찰하여 공(空)이라는 사실을 깨달아 제행(諸行)을 조작 없이 완벽하게 실천하게 되면 (과거의) 무명(無明)으로 행(行)하여도 업(業)을 짓지 않게 되니 (현재의) 오과(五果; 識·名色·六處·觸·受)를 어떻게 받을 수 있겠는가?

그러므로 그 다음에 오는 (현재의) 애취유(愛取有)도 청정하게 되어 (미래의) 생과 노사(老死)의 고(苦)가 어디에도 없게 되는 것이다.

그리하여 자기 스스로 소연(翛緣, 초연) 독탈(獨脫)하여 적정(寂靜)한 곳에서 유거(幽居, 隱居)하면서 대상경계가 변하는 것을 관찰하며 항상(恒常)하지 않는다는 무상(無常)을 깨달아 세월에 따라 변하는 것을 보고 진정한 깨달음을 얻게 된다.

사위의(四威儀)를 경건하게 하며 섭심(攝心)하고 마음이 편안한 것을 즐기는 천성(天性)을 가지고 있어서 혼자 살기를 좋아하여 조용한 숲에 쉬면서 유유(悠悠)히 편안하게 즐기며 살아간다.

그리고 불법(佛法)을 설하여 중생을 교화하는 것을 좋아하지 않지만 신통력을 나타내어 타인을 교화하며 부처가 출세(出世)하지 않은 세상에 출현하여 불등(佛燈)을 나타내며 부처의 광명을 계승한다.

몸은 열반적정(涅槃寂靜)의 경지에 있기를 좋아하고 마음은 중생심을 벗어나 청정하게 있기를 좋아하여 혼자 고봉정상(高峰頂上)에서 살며 연(緣)이 흩어져 소멸하는 것을 관조(觀照)한다.

타인을 이롭게 하는 것이 널리 미치지 못하고 자신에게 이익이 되게 하는 것도 원만(圓滿)하지 못하여 소승(小乘)보다는 수승하지만 대승(大乘)보다는 부족하여 이 두 곳에 속하지 않으므로 연각승(緣覺乘, 中乘)이나 벽지불(辟支佛)이라고 한다.

※ 해설 : 십이인연법(十二因緣法)을 스스로 깨달은 수행자를 독각(獨覺), 연각(緣覺), 벽지불(辟支佛)이라고 하고 이들은 홀로 고봉정상(高峰頂上)에 살며 수행하기를 좋아하고 청정하게 생활하는 수행자이다.

연각(緣覺)의 수행자들은 보살도를 실천하지 않음으로 인하여 대승(大乘)의 보살(菩薩)보다 부족하여 중승(中乘)이라고도 한다.

遠客歸鄉遲速異　一河三獸短長殊
盈科後進誠非妄　肯把庸流擬上流

4) 보살(菩薩)의 수행법

如其根性本明 玄功宿著, 學非博涉, 解自生知.

心無所緣, 而能利物, 慈悲至大, 愛見之所不拘, 終日度生, 不見生之可度.

一異齊旨, 解惑同源, 人法俱空, 故名菩薩, 原其所修六度, 而為正因.

만약에 이와 같이 근성(根性)으로 여시하게 수행하여 본성(本性)을 분명하게 깨닫게 되면 신묘한 공덕(功德)이 평소에도 나타나는 것이어서 학문을 많이 하지 않고도 스스로 깨달아 해탈하게 되는 것이다.

그러므로 보살의 마음은 소연(所緣)이 없어도 중생들을 제도하는 무연자비(無緣慈悲)가 지극히 대단하여 소승(小乘)의 애견(愛見)에 구속되지 않고 하루 종일(終日) 중생을 제도(濟度)하여도 제도(濟度)한다는 마음을 가지지 않고 제도(濟度)한다.

체용(體用)이나 진제(眞諦)와 속제(俗諦)도 모두 같은 취지(趣旨)이고 깨달음과 미혹(迷惑)도 같은 근원(根源)이므로 아공(我空)과 법공(法空)이라는 사실을 알고 실천하므로 보살(菩薩)이라고 하는 것이며 육바라밀을 수행하는 것이 정토에 태어나게 하는 직접적인 원인(因)이 된다.

※ 해설 : 본성(本性)과 육진(六塵)이 공(空)이라는 사실을 깨닫고 육바라밀을 실천하고 무연자비(無緣慈悲)를 베푸는 것을 보살이라고 한다.

현공숙저(玄功宿著)에서 숙(宿)을 전생으로 번역하면 특수한 사람만 한다는 전지전능한 신앙심만 조장하는 것이기 때문에 "신묘한 공덕(功德)이 평소에도 나타나는 것"이라고 하였고 또 본성이 공(空)이라는 사실을 체득하고 나면 많은 학문(學文)을 해야 해탈할 수 있다는 생각을 가지고 미리 포기하는 수행자 들이 있을까 하는 것 때문에 "학문을 많이 하지 않아도 스스 로 깨닫게 되어 해탈하게 되는 것이다." 라고 하였다.

공덕(功德)은 마음속에 일어나는 것을 모두 공(空)이라고 자 각하고 외부에서 보살이 육바라밀을 실천하되 무연자비(無緣 慈悲)로 중생을 제도(濟度)하므로 중생을 제도한다는 마음을 가지고 제도(濟度)하는 것이 없이 제도(濟度)하므로 덕(德)이 있는 것이다.

行施則盡命傾財, 持戒則吉羅無犯, 忍辱則深明非我, 割截何傷, 安耐毀譽, 八風不動.

精進則勤求至道, 如救頭然, 自行化他, 刹那之頃無間.

禪那則身心寂怕, 安般希微, 住寂定以自資, 運四儀而利物.

智慧則了知緣起, 自性無生, 萬法皆如, 眞源至寂.

보시바라밀(報施婆羅蜜)을 실천하는 것은 신명(身命)과 자산(資産)이 다하도록 하는 것이고,

지계바라밀(持戒波羅蜜)을 실천하는 것은 가벼운 죄(罪)인 돌길라(突吉羅)의 죄(罪)도 짓지 않도록 하는 것이고,

인욕바라밀(忍辱波羅蜜)을 실천하는 것은 아상(我相)이 없음을 자세하게 밝히는 것으로 여러 지옥고(地獄苦)를 받는다고 하더라도 원한의 마음이 없고 칭찬하거나 비방하여도 편안하게 인내(忍耐)하니, 팔풍(八風; 利, 衰, 毀, 譽, 稱, 譏, 苦, 樂)이 불어와도 부동(不動)의 경지에서 수행하는 것이다.

정진바라밀(精進波羅蜜)을 실천하는 것은 지도(至道)의 경지에서 살아가기를 열심히 구하는 것으로 머리나 옷에 붙은 불을 끄듯이 빨리 자신이 수행하며 타인을 제도(濟度)하기를 한순간도 쉬지 않는 수행을 하는 것이다.

선정바라밀(禪定波羅蜜)을 실천하는 것은 신심(信心)을 적정하고 담백하게 하는 수식관을 행하여 현묘(玄妙)하게 하고 마음이 적정(寂定, 禪定)한 것을 자신의 자산(資産)으로 삼아 사위의(四威儀)를 행하며 중생들을 제도(濟度)하는 것이다.

지혜바라밀(智慧波羅蜜)을 실천하는 것은 연(緣)이 생기는 것을 깨달아 아는 자성(自性)이 무생(無生, 번뇌 망념이 없음, 空, 청정)이 되므로 만법(萬法)도 모두 이와 같이 청정하여 공(空)의 근원도 매우 적정(寂靜)하다는 것을 알고 실천하는 것

이다.

※ 해설 : 육바라밀(六波羅蜜)에 대하여 자세하게 설하고 있는
데 정진바라밀에서 "如救頭然" 에서 연(然)을 연(燃)으로 번역
하는 이유는 『請觀音經疏闡義鈔』卷4(『大正藏』46, 349쪽. 하
20.)에 의하면 「經如救頭然者, 金光明云. 譬如男女如火燒頭如
火燒衣, 救令速滅. 火若未滅不得暫安, 懺悔亦爾. 此則然字是
燒然也. 又大論明野干救頭之喩, 名救頭. 然則然字是語辭也.」
라고 하고 있듯이 빨리 실천해야 하는 것을 설하고 있다.
　　야간(野干)은 항상 머리로만 구하기 때문에 빨리 수행하라
고 연(然)자(字)을 사용한 것이며 연(然)은 소연(燒然)을 말한
다고 기록하고 있다.

　　雖知煩惱無可捨, 菩提無可取, 而能不證無為, 度生長劫, 廣
修萬行, 等觀群方, 下及諦緣, 上該不共.
　　大誓之心普被, 四攝之道通收, 總三界以為家, 括四生而為子.
　　悲智雙運, 福慧兩嚴, 超越二乘, 獨居其上, 如是則大乘之道
也.
　　是以一眞之理, 逐根性以階差, 取益隨機, 三乘之唱備矣.

　　비록 번뇌를 버리는 것이 아니고 보리(菩提)는 취하는 것이
아니라는 것을 알지라도 자신이 능히 무위법(無爲法)을 증득
하려고 하지 않고 장겁(長劫, 오랜 세월)동안 중생을 제도(濟
度)하기 위하여 일체의 만행(萬行)을 행하며 온갖 방법으로 관
찰하고 확인하면서 아래로는 사성제와 십이인연법(十二因緣

法)을 수행하고 위로는 불공법(不共法, 六波羅蜜)을 수행한다.

　보살은 큰 서원을 세워 널리 중생을 제도(濟度)하고 사섭법(四攝法)을 통달하여 중생들을 끌어들이며 모든 삼계(三界)의 중생들을 가족으로 생각하고 사생(四生)의 중생들을 자식으로 생각한다. 자비와 지혜를 같이 행하여 복과 지혜를 모두 장엄하여 구족하니 이승(二乘; 성문, 연각)을 초월하여 그 위에 독자적(獨自的)으로 육바라밀을 실천하며 살아가므로 대승보살의 수행자라고 한다.

　진실로 불성(佛性)은 절대불변(絶對不變)이지만 근성(根性)에 따라 단계적인 차별이 있고 근기에 따라 이익을 취하는 것이 다르므로 삼승(三乘)으로 갖추어져(準備) 있는 것이라고 주장하는 것이다.

※ 해설 : 성문(聲聞)이나 연각(緣覺)도 대승(大乘)보살(菩薩)이 될 수 있지만 근기(根機)가 같지 않아서 방편으로 차별을 둔 것이므로 어느 누구든지 보살이 될 수 있다.

　모든 사람들이 보살이 되어 살아가면 지금 이 세상은 어느 때보다 행복하게 살아갈 수 있는 시절이 되었는데도 특정한 신앙에 빠진 이들로 인하여 자신들만 이익을 누려야 한다는 탐진치(貪瞋癡)에서 벗어나지 못하여 많은 이들이 고통 받고 있는 것이다.

5) 삼승(三乘)은 근기(根機)에 따른 방편

然而至理虛玄, 窮微絶妙, 尚非其一, 何是於三.
不三之三而言三, 不一之一而言一.
一三非三尚不三, 三一之一亦何一.
一不一自非三, 三不三自非一.
非一一非三不留, 非三三非一不立, 不立之一本無三, 不留之
三本無一.
一三本無無亦無, 無無無本故妙絶.

그러나 불성(佛性, 至理)은 허현(虛玄, 진여, 본성)한 것이고
궁극적으로 미묘(微妙)하고 절묘(絶妙)하여 오히려 하나의 고
정된 불성(佛性)이 존재한다고 인정하는 것도 아닌데 어찌 삼
승(三乘)을 인정할 수가 있겠는가?

삼승(三乘)을 인정하지 않고 셋으로 나누어 삼(三)이라고 말
한 것이고 불성(佛性)을 하나라고 하지 않으면서 일(一)이라고
말한 것이다.(不三之三而言三, 不一之一而言一.)

불성(佛性)을 셋으로 나누어 삼승(三乘)을 주장하지만 삼승
(三乘)은 불성(佛性)으로 귀결되는데 역시 어찌 고정된 하나의
불성(佛性)을 주장할 수 있겠는가?(一三非三尚不三, 三一之一
亦何一.)

불성(佛性)을 고정된 하나의 불성(佛性)이라고 하지 않으면
스스로 삼승(三乘)을 인정하는 것이 되고 삼승(三乘)을 셋으로
주장하지 않으면 불성(佛性)을 인정하는 것이 된다.(一不一自
非三, 三不三自非一.)

불성(佛性)을 인정하지 않으면 불성(佛性)은 반드시 삼승(三
乘)으로 나누어져야 하는 것이고 삼승(三乘)을 인정하지 않으

면 삼승(三乘)은 반드시 불성(佛性)이 확고하게 존재해야 하는 것이 되어 불성(佛性)을 하나라고 인정하지 않으면 근본적으로 삼승(三乘)도 없는 것이고 삼승(三乘)으로 나누어지는 것이 아니라고 하면 근본적으로 불성(佛性)도 없어야 하는 것이 된다.(非一一非三不留, 非三三非一不立, 不立之一本無三, 不留之三本無一.)

불성(佛性)과 삼승(三乘)이 본래는 없지만 실제로 없다는 것도 역시 없는 것이 되어 없는 것을 없다고 하는 것도 본래 없게 되므로 미묘하고 절묘하다고 하는 것이다.(一三本無無亦無, 無無無本故妙絕.)

如是則一何所分, 三何所合. 合分自於人耳, 何理異於言哉.

譬夫三獸渡河, 河一寧從獸合, 復何獨河非獸合, 亦乃獸不河.

分河尚不成, 三河豈得以河而合獸, 獸尚不成一, 獸豈得以獸而成河, 河非獸而何三, 獸非河而何一.

一河獨包三獸, 而河未曾三, 三獸共履一河, 而獸未嘗一.

獸之非一, 明其足有短長, 河之不三, 知其水無深淺.

水無深淺, 譬法之無差, 足有短長, 類智之有明昧. 如是則法本無三, 而人自三耳.

이와 같은데 불성(佛性)을 어떻게 나눌 수 있으며 삼승(三乘)을 어떻게 합할 수 있을 것인가? (如是則一何所分, 三何所合.)

합하고 나누는 것은 사람들의 근기에 따라 사람들이 만든 것이지 어떻게 불성(佛性)이 다르다고 말할 수가 있겠는가?(合分自於人耳, 何理異於言哉.)

비유하여 말하면 일반적으로 세 마리의 짐승(토끼, 말, 코끼리)이 강물을 건넌다고 가정을 하여 보면 강물이 한 짐승에 따라 깊이가 맞추어지고는 다시 어떻게 물이 되돌아 와서 다른 짐승에 맞춰지지 않는다면 역시 다른 짐승은 물을 건널 수 없게 되는 것이다. (譬夫三獸渡河, 河一寧從獸合, 復何獨河非獸合, 亦乃獸不河.)

강물이 나누어지지 않으면 세 짐승이 강을 건널 수 있게 강이 어떻게 짐승들에게 맞춰질 수 있으며 또 짐승들도 하나가 될 수 없는 것이니 짐승들이 어찌 짐승으로서 강물을 건널 수 있으며 강물이 짐승들에게 맞춰질 수 없으므로 셋이라고 할 수 있으며 짐승들을 강물에 맞출 수가 없으므로 어떻게 하나라고 할 수 있겠는가? (分河尚不成, 三河豈得以河而合獸, 獸

尚不成一, 獸豈得以獸而成河, 河非獸而何三, 獸非河而何一.)

　하나의 강물이 홀로 세 짐승들을 포용하지만 강물은 아직까지 셋으로 나누어진 적이 없고 세 짐승들이 하나의 강물을 건너지만 짐승들도 일찍이 똑같은 하나인 적은 없었던 것이다. (一河獨包三獸, 而河未曾三, 三獸共履一河, 而獸未嘗一.)

　짐승들이 하나로 같은 것이 아니라는 것은 다리의 길이가 길고 짧다는 것을 분명하게 말하는 것이고 강물이 셋이 아니라는 것은 강물이 깊고 얕을 필요가 없다는 것을 분명하게 알아야 하는 것을 말한 것이다.(獸之非一, 明其足有短長, 河之不三, 知其水無深淺.)

　강물이 깊고 얕음이 없다고 하는 것은 비유하면 불법(佛法)은 차별이 없다는 것을 말하는 것이고 다리가 짧고 긴 것이 있다는 것은 사람마다 지혜가 밝고 미혹함이 있다는 것을 말한다.

　이와 같으므로 불법(佛法)에는 본래 삼승(三乘)이 없지만 사람들이 스스로 삼승(三乘)으로 나눈 것일 뿐이다.

今之三乘之初, 四諦最標其首, 法之既以無差, 四諦亦何非大, 而言聲聞觀之, 位居其小者哉.

是知諦似於河, 人之若獸, 聲聞最劣, 與兔為儔, 雖復奔波, 寧窮浪底.

未能知其深極, 位自居卑, 何必觀諦之流, 一概同其成小.

如其智照高明, 量齊香象者, 則可以窮源盡際, 煥然成大矣.

故知下智觀者, 得聲聞果, 中智觀者, 得緣覺果, 上智觀者, 得菩薩果, 明宗皎然, 豈容圖度者矣.

지금 삼승(三乘)에서 첫째로 사성제(四聖諦)를 최상의 수행(修行)지표(指標)로 하여 삼승(三乘)에서 처음에 두는데 불법(佛法)이 이미 차별이 없다는 것을 알았다면 사성제(四聖諦)를 수행한다고 대승이 아니라고 할 수 있으며 성문(聲聞)이 관조(觀照)한다고 말하여서 신분이 낮다고 할 수 있겠는가?

그러므로 사성제(四聖諦)를 강물과 같다고 말하는 것이고 사람을 짐승에다 비유한 것으로 성문(聲聞)을 제일 낮다고 하여 토끼에 비유한 것이니 토끼가 물을 건넌다고 하더라도 어찌 발이 물밑에까지 닿을 수 있겠는가?

아직까지 자신이 물의 깊이를 알 수 없으므로 자신이 살고 있는 신분이 낮은 것일 뿐인데 어찌 반드시 사성제(四聖諦)를 관조(觀照)하는 수행자라고 하여 한결 같이 모두가 소승(小乘)의 수행자라고 할 수 있겠는가?

만약에 사성제(四聖諦)를 지혜로 관조(觀照)하는 것이 고명(高明)하여 역량이 코끼리와 같다고 하면 곧바로 불성(佛性)의 근원(根源)을 정확하게 알아 확실하게 대승(大乘)의 수행자가 되는 것이다. 그러므로 하근기의 지혜로 관조(觀照)하는 수행자는 성문과(聲聞果)를 체득하게 되고 중근기의 지혜로 관조

하는 수행자는 연각과(緣覺果)를 체득하게 되며 상근기의 지
혜로 관조(觀照)하는 수행자는 보살과(菩薩果)를 체득하게 된
다는 것을 알고 종지(宗旨)를 깨달으면 교연(皎然, 청정한 모
습, 대승)하게 되는데 어찌 사량 분별하는 수행자를 용납하겠
는가?

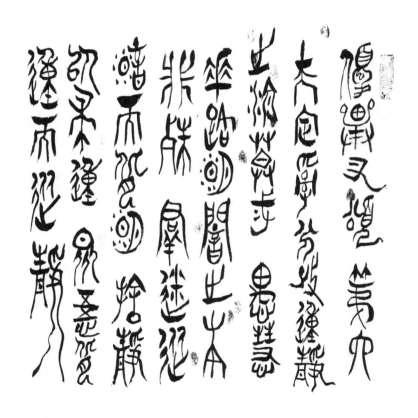

〔우필차〕

是以聲聞見苦而斷集, 緣覺悟集散而觀離, 菩薩了達真源, 知集本無和合, 三人同觀四諦, 證果之所差殊, 良由觀有淺深, 對照明其高下耳.

是以下乘行下, 中上之所未修, 上乘行上, 而修中下, 中行中下, 不修於上, 上中下之在人, 非諦令其大小耳.

이것으로 인하여 성문(聲聞)은 고(苦)를 관조(觀照)하여 집(集)을 끊고 연각(緣覺)은 집산(集散, 渴愛의 愛執이 사라지는 것)의 도리를 관조하여 깨달아 생사(生死)의 번뇌를 벗어나고 보살(菩薩)은 사성제(四聖諦)의 근원이 마음이라는 것을 요달(了達)하고 집(集)에는 본래 갈애와 화합하는 성질이 없다는 것을 아는 것이니 이 세 사람이 사성제(四聖諦)를 똑같이 관조(觀照)하여도 과(果)를 증득하는 것에 차이가 있는 것은 확실히 관찰(觀察)하는 것에 얕고 깊은 것이 있는 것이므로 대상경계를 조명(照明, 살펴보는 것)에 따라 높고 낮음이 있게 되는 것이다.

그리하여 하근기의 수행자는 하승(下乘, 小乘, 聲聞)을 행하며 낮아서 중상근기의 수행을 하지 않고 상근기의 수행자는 상승(上乘, 大乘, 菩薩)을 행하며 중하근기를 다스리고 중근기의 수행자는 중하승(中下乘, 연각, 성문)을 행하고 상승(上乘)을 수행하지 않는 것이므로 상중하(上中下)의 근기(根機)는 사람들이 하는 것에 따라 있는 것이지 사성제(四聖諦)에 의하여 대승(大乘)과 소승(小乘)이 있는 것은 아니다.

※ 해설 : 성문과 연각과 보살의 차이를 자신들의 근기에 따라 상중하 로 분류할 따름이라는 것은 자신들이 상승(上乘)을 수행하지 않으려고 하는 마음이 있어서일 뿐이다.

그래서 번뇌즉보리(煩惱卽菩提)라고 하고 중생과 부처는 둘
이 아니라고 하는 것이다.
　수행법에 따라 삼승(三乘)으로 분류할 따름이지 사성제(四聖
諦)로 수행한다고 하여 대승과 소승으로 구분하는 것은 아니
다.

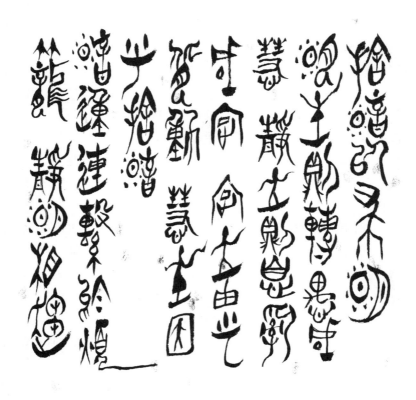

〔우필차〕

6) 삼승(三乘)에서 일승(一乘)으로

然三乘雖殊, 同歸出苦之要, 聲聞雖小, 見愛之惑已祛, 故於三界無憂, 分段之形滅矣.

三明照耀, 開朗八萬之劫, 現前六通, 縱任無為, 山壁遊之直度.

時復空中行住, 或坐臥之安然, 汎沼則輕若鴻毛, 涉地則猶如履水, 九定之功滿足, 十八之變隨心.

然三藏之佛, 望六根清淨位, 有齊有劣, 同除四住, 此處為齊, 若伏無明, 三藏則劣, 佛尚為劣, 二乘可知.

望上斷伏雖殊, 於下悟迷有隔, 如是則二乘何咎, 而欲不修者哉.

如來為對大根, 引歸寶所, 令修種智, 同契圓伊, 或毀或譽, 抑揚當時耳.

그러므로 삼승(三乘)이 비록 차이가 있지만 고(苦)에서 벗어나 일승(一乘)으로 돌아가는 것은 동일한 요점이니 성문(聲聞)이 비록 소승(小乘)이지만 견애(見愛)의 미혹(迷惑)을 이미 버렸다면 이미 삼계(三界)에서 근심이 없으므로 분단생사(分段生死, 육도윤회)하는 모습은 사라지게 된다. 삼명(三明; 宿命通, 天眼通, 漏盡通)으로 밝게 관조(觀照)하면 8만겁의 업장(業障)을 훤히 알게 되어 육통(六通, 六神通)을 눈앞에서 무위법(無爲法)으로 실천하여 삼계(三界)의 산이나 벽의 장애(障礙)속에서 살더라도 곧바로 제도(濟度)하여 피안의 세계에 살게 되는 것이다.

때로는 공(空)에 맞게 행주(行住)하기도 하고 혹은 좌와(坐臥)하니 어디에서도 편안(安然)하여 늪에서도 기러기의 털처럼 가볍게 되어 땅에서 다니더라도 물속에서 다니듯이 하여 구차제정(九次第定)의 공덕(功德)에 만족하고 십팔변(十八變)을 마음대로 나타낸다.

그러나 삼장(三藏; 聲聞藏·緣覺藏·菩薩藏 ; 小乘 천태의 입장; 경율론)에서 말하는 부처는 육근(六根)이 청정한 지위(地位)에 있어야 하는 것이어서 동등할 수도 있고 낮을 수도 있는 것이지만 사주(四住, 邪見, 四住地)를 제거하는 것에서는 동등하나 만약에 무명(無明, 無明住地)을 조복(調伏)시킨다고 하면 삼장(三藏)은 열등하여 부처를 오히려 낮게 하는 것이 되니 이승(二乘)은 더 당연한 것이 되는 것이다.(然三藏之佛, 望六根清淨位, 有齊有劣, 同除四住, 此處為齊, 若伏無明, 三藏則劣, 佛尚為劣, 二乘可知.)

위로 보면 단복(斷伏, 무명번뇌를 제거하여 일어나지 않게 억제)하는 것에서 차이가 있지만 아래로 보면 미혹과 깨달음에서 간격이 있는 것이므로 이와 같은 것은 이승(二乘, 성문과 연각)에게 무슨 허물이 있어서가 아니라 더 수행하고자 하는 욕망(欲望)이 없는 것일 뿐이다.

여래는 대승(大乘)의 근기를 상대하여서 깨닫도록 하기 위하여 마니보주가 있는 곳으로 인도하고 일체종지(一切種智, 一切智)로 수행하여 모두가 원이삼점(圓伊三點, 법신, 반야, 해탈)의 도(道)와 계합하게 하려고 혹은 비난하기도 하고 혹은 칭찬하기도 하는 것은 당시(當時)의 상황에 따라 칭찬하고 비난하는 것일 뿐이다.

※ 해설 : 이승(二乘)이 견애(見愛)의 미혹에서 벗어나면 바로 대승의 보살로서 살아갈 수 있지만 이승(二乘, 성문과 연각, 성문과 보살, 대승과 소승)은 무명번뇌를 조복하여 일어나지 않게

하는 것이 쉽지 않아 더 수행하고자 하는 욕망이 없는 것일 뿐이다.

삼장(三藏)에 대하여는 『한국불교전서』4권, 525쪽. 하19.에 보면 「三藏教止論界內通惑 無明名字 尙不能知 況復伏斷 故言 三藏*卽劣也(삼장교에서는 삼계의 통혹만 논하고 무명이라는 이름도 모르는데 하물며 굴복시키거나 단절하겠는가. 그러므로 삼장의 부처가 열등하다고 한다.)」라고 하고 있는 것을 보면 소승을 뜻하는 것이다.

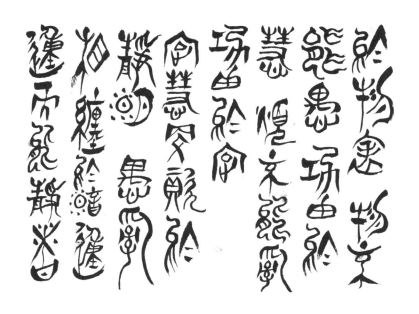

〔우필차〕

凡夫不了預畏被呵, 寧知見愛尚存, 去二乘而甚遠.

雖復言其修道, 惑使諸所不袪, 非惟身口未端, 亦乃心由諂曲.

見生自意, 解背真詮, 聖教之所, 不依明師, 未曾承受.

根緣非唯宿習, 見解未預生知, 而能世智, 辯聰談論, 以之終日.

時復牽於經語, 曲會私情, 縱邪說以誑愚人, 撥因果而排罪福.

順情則嬉怡生愛, 違意則悗懼懷瞋, 三受之狀固然, 稱位乃儔菩薩.

初篇之非未免, 過人之釁又縈, 大乘之所不修, 而復譏於小學.

恣一時之強口, 謗說之患鏗然, 三塗苦輪, 報之長劫, 哀哉吁哉, 言及愴然悲酸矣.

범부들은 이것을 요달(了達)하지 못하여 미리 질책(質責) 받는 것을 두려워하니 오히려 견애(見愛)의 미혹을 알지만 아직까지 가지고 있는 것이어서 이승(二乘)과는 아주 차이가 나는 것이다.

범부들이 비록 수도(修道)를 한다고 다시 말을 해도 미혹(迷惑)으로 인하여 모든 대상경계에 대한 견애(見愛)를 버리지 못하였으므로 신구의(身口意) 삼업(三業)을 배반하여 단정하지 못하고 역시 마음도 왜곡되어 있다.

견애(見愛)가 자신의 의식(意識)속에서 생기는 것은 불법(佛法)의 바른 깨달음을 위배하여 생기는 것인데 성자(聖者)의 가르침을 대상으로 알고 눈 밝은 스승의 가르침도 아직까지 받은 적이 없기 때문이다.

근연(根緣, 根機)은 태어나기 전부터 배운 것이 아니고 견해(見解)도 배우지 않고 미리 스스로 깨달아 아는 것(生知)이 아닌데도 자신이 아는 세간의 지혜(世智)로 총명하게 변론하고 담론(談論)하는 것이 끝이 없다.

때로는 경전의 말씀을 가져와서 자신의 마음대로 왜곡(歪曲)하여 깨달았다고 하며 사설(邪說, 그릇되고 간사한 말)을 마음대로 하여 어리석은 사람들을 더욱더 어리석게 하며 인과(因果)를 무시하고 죄와 복을 배척(排斥)하면서 자기의 감정에 맞으면 즐거워하면서 좋아하는 마음을 내고 자신의 의사(意思)에 위배되면 곧바로 슬퍼하면서(慘憺) 성질을 내는 것이 삼수(三受; 樂, 苦, 不苦不樂)를 받는 모습이 당연히 나타나는데도 보살과 같다고 칭찬하게 한다.

앞부분에 설한 삼업(三業, 신구의 삼업)의 허물도 벗어나지 못하면서도 훌륭한 사람(二乘)에게 허물이 있다고 하며 또 대승을 수행하지 않는다고 얽어매면서 적게 배웠다고 나무라는 것이다.

그리고 자기 마음대로 일시에 강한 어조로 비방하며 걱정하는 말을 힘차게 하는데 삼악도(三惡道)에서 윤회고(輪廻苦)의 업보(業報)를 장겁(長劫)토록 받게 되는 것이 불쌍하고 슬픈데 말로 하면 너무 슬프고 마음이 괴롭다.

※ 해설 : 범부가 어떤 사람인가를 설하고 있는 부분인데 범부는 견혹(見惑)과 애혹(愛惑)이 있어서 삼업(三業)이 청정하지 못하므로 탐진치(貪瞋癡)를 벗어나야 한다.

이승(二乘)은 사성제(四聖諦)와 십이인연법(十二因緣法)으로 수행하여 아공(我空)과 법공(法空)을 벗어났지만 범부들은 성자(聖者)들의 가르침을 대상으로 알고 마음속에서 한 번도 받아들여 본적이 없으므로 불법(佛法)을 알려고 하지 않고 자신의 마음대로 왜곡하여 알고 있기 때문에 범부라고 한다.

범부들은 자신이 아는 세간의 총명한 지식이나 지혜로 경전을 마음대로 왜곡하여 사람들을 기쁘게 하기도 하고 슬프게 하기도 하며 현혹(眩惑)시키고 있으니 결국은 삼수(三受; 樂, 苦, 不苦不樂)를 받게 되는데도 위대한 재주가 있다고 하며 그런 자리를 서로 차지하려고 발버둥치는 모습이 안타까울 따름이다.

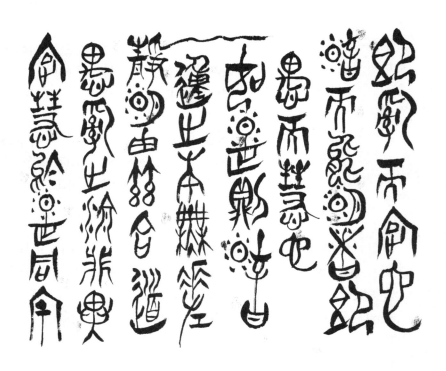

〔우필차〕

然而達性之人, 對境彌加其照, 忘心之士, 相善不涉其懷, 況乎三業之邪非, 寧有歷心於塵滴.

是以鑒玄之侶, 淨三受於心源, 滌穢之流, 掃七支於身口.

無情罔侵塵葉, 有識無惱蜎蠕, 幽澗未足比其清, 飛雪無以方其素.

眷德若羽群揚翅, 望星月以窮高, 棄惡若鱗眾驚鉤, 投江瀛而盡底.

玄曦慚其照遠, 上界恧以緣消, 境智合以圓虛, 定慧均而等妙.

桑田改而心無易, 海嶽遷而志不移, 而能處憒非喧, 凝神挺照, 心源朗淨, 慧解無方.

觀法性而達真如, 鑒金文而依了義, 如是則一念之中, 何法門而不具.

如其妙慧未彰, 心無準的, 解非契理, 行闕超塵, 乖法性而順常情, 背圓詮而執權說.

如是則次第隨機, 對根緣而設教矣.

是以敘其, 綱紀委悉, 餘所未明, 深淺宗途, 略言其趣, 三乘之學, 影響知其分位耳.

그런데(然而) 불성(佛性)을 통달한 수행자는 대상경계를 만나면 만날수록 더욱더 관조(觀照)하여 망심(忘心)이 없는 수행자가 되어 좋아하는 사람(相善, 相好)이 되어도 그것을 마음속에 품지 않는데 하물며 삼업(三業)에 어긋나게 배반하며 어찌하여 지나간 마음을 조금이라도 가지고 있을 수 있겠는가?

그리하여 현묘한 지혜로 관조(觀照)하여 아는 것을 반려(伴侶)로 하는 수행자는 삼수(三受, 의업, 탐진치)를 심원(心源; 眞如, 心性, 佛性)에서 청정하게 하고 중생심의 번뇌를 소멸하는 수행자는 칠지(七支)의 악업(惡業)을 소멸하여 신구업(身口

業)를 청정하게 한다.

(청정한 수행자는) 무정(無情)으로 계율을 조금이라도 어겨 침범하지 않게 되고(塵業) 유식(有識)으로는 음행과 살인(微物)을 조금도 하려하지 않는 것이 깊은 계곡의 맑은 물보다도 더 청정하여 비교할 수도 없고 날리는 눈보다도 더 희고 청정하다.

공덕(功德)을 생각하는 것은 새들이 날아올라 별과 달을 향하여 높이 오르듯이 하고 악업(惡業)을 버리는 것은 물고기가 낚싯바늘을 두려워하여 강이나 대해(大海)의 깊은 곳으로 바닥까지 내려가듯이 한다.

진여의 지혜로 관조하는 것이 태양보다도 더 멀리 비추며 상계(上界, 천상계)의 사람들이 연(緣)을 벗어나 살아가는 것도 부끄러워하는 것은 보살은 대상경계와 진여지혜가 계합하는 것이 허공처럼 원만하고 정혜(定慧)를 균등하게 보살도를 실천하여 등각과 묘각에 이르게 되기 때문이다.(玄曦慚其照遠, 上界惡以緣消, 境智合以圓虛, 定慧均而等妙.)

그러므로 상전(桑田, 기본적인 양식, 천지가 개벽)이 바뀌어도 불심(佛心, 본심)은 변하지 않고 바다와 산악(山嶽)이 바뀐다고 해도 의지(意志)는 변하지 않으니 세속의 어느 곳에 살더라도 두려워하지 않고 정신을 응집(凝集)하여 심원(心源; 眞如, 心性, 佛性)을 맑고 청정하게 관조(觀照)하니 진여의 지혜로 해탈(慧解)하게 되어 어디에서나 자유롭게 살아간다.

법성(法性)을 관조(觀照)하여 진여(眞如)를 통달하고 금문(金文, 경전)을 간경(看經)하되 요의경(了義經)에 의지하여 이와 같이 여시(如是)한 일념(一念)으로 적중(的中)하게 살아가므로 어느 법문(法門)이 구족(具足)되지 않았겠는가?

만약에 묘혜(妙慧, 深妙한 지혜, 진여의 지혜)로 영상(影像,

諸法은 無自性)을 아직까지 알지 못하였다면 마음속에 준적 (準的, 불법의 가치관)이 없는 것이므로 깨달음이 불성(佛性) 과 계합(契合)하지 않은 것이고 행동이 대상경계(六塵)를 벗어 나지 못하였으니 법성(法性)을 배반하고 세속의 인정(人情)에 따르게 되어 원만한 요의경(詮)을 등지고 방편설법(깨달으면 되는 것이라는 앞뒤가 없는 식의 我相을 가진 세속의 설법)에 만 집착하게 되는 것이다.

이와 같아서 근기(根機)에 따라 순서대로 수행하여야 하는 것을 사람들의 근기(根機, 능력)에 따라 가르침을 펼친 것이 다.

이리하여 그 대강(大綱, 요점, 핵심)의 실마리를 모두 서술 하였고 아직 밝히지 않은 나머지의 깊고 얕은 것은 종지(宗旨) 를 체득하는 수행의 문으로 중요한 핵심만 간략하게 그 취지 (趣旨)를 말한 것이며 삼승(三乘)을 영향(影響; 그림자와 메아 리, 影像이나 名聲, 諸法은 無自性)으로 설명하여 알 수 있게 그 지위를 나눈 것일 뿐이다.

※ 해설 : 자신의 불성(佛性)이 공(空)이라는 사실을 통달한 수 행자는 어디에서나 대상경계를 만나면 만날수록 더욱더 철저하 게 관조(觀照)하여 망심(忘心)이 없게 된다.

그러므로 수행자는 좋아하는 것이나 미워하는 것 마음속에 품지 않고 삼업(三業)을 배반하면서 지나간 일들을 마음에 조 금이라도 담아 두지 않아야 한다.

진여의 지혜로 항상 관조하여 살아가면 삼수(三受)를 벗어 나 청정하게 되어 공덕(功德)이 한량이 없는 것이다.

불퇴전의 경지에서 사의법(四依法)에 맞게 수행하니 어디에 서나 좌도량(坐道場)에 살게 되어 경계지성(境界之性)이라는 것을 알게 된다.

삼승(三乘)과 범부(凡夫)가 차이가 있는 것은 근기(根機)에 따라 차이가 있는 것이지 불법(佛法)에 차별이 있는 것은 아니다.

근기(根機)를 세 종류의 짐승에 비유하여 설한 것은 어느 누구나 강을 건너면 되는 것인데도 자신들은 타고난 천성이 바뀔 수 없다고 생각하는 숙명론에 빠져 있기 때문에 세 종류의 짐승에 비유한 것이다.

누구나 불법(佛法)을 익히면 반야의 배를 타고 강을 건널 수 있기 때문에 근기를 초월할 수 있지만 자신들이 수행하고자 하는 욕망이 없고 아공(我空)과 법공(法空)이라는 사실을 깨달아 육바라밀(六波羅蜜)을 실천하려고 하지 않기 때문이다.

그리고 전지전능(全知全能)해야 한다는 신앙(信仰)에 사로잡혀 있는 사상(四相)을 벗어나야 육바라밀(六波羅蜜)을 실천하는 대승보살로서 수행하게 된다.

여기에서는 보살이 얼마나 청정하게 살아가고 불퇴전(不退轉)의 마음으로 살아가는지를 자세하게 설하는 것으로 천지가 개벽을 해도 변하지 않는다고 설하고 있다.

8. 이사불이(理事不二) 〔事理不二第八〕

1) 이사(理事)의 중도

夫妙悟通衢, 則山河非壅, 迷名滯相, 則絲毫成隔.
然萬法本源, 由來實相, 塵沙惑趣, 原是眞宗.
故物像無邊, 般若無際者, 以其法性本眞, 了達成智故也.
譬夫行由通徑, 則萬里可期, 如其觸物衝渠, 則終朝域內.
以其不知物有, 無形之畔, 渠有窮虛之域故也.
是以學遊中道, 則實相可期, 如其執有滯無, 則終歸邊見.
以其不知有, 有非有之相, 無有非無之實故也.
　今之色相紛紜, 窮之則非相, 音聲吼喚, 究之則無言, 迷之則
謂有形聲, 悟之則知其聞寂.
　如是則眞諦, 不乖於事理, 即事理之體元眞, 妙智不異於了知,
即了知之性元智.

　대체로 묘오(妙悟, 大悟, 진정한 깨달음)하여 만행(萬行)을 통달하게 되면 산하(山河)가 장애(障礙)가 되지 않지만 불성(佛性)을 깨닫지 못하면 형상(形相)에 집착하게 되어 사소한 것에서도 장애(障礙)가 된다.
　그러므로 만법(萬法)의 본원(本源)이 실상(實相)으로 인하여 있다는 것을 깨달아서 알아야 하는 것이고 진사혹(塵沙惑)의 취지(趣旨)도 원래(原來)는 진실한 종지(宗旨)라는 것을 깨달아 알아야 하는 것이다.
　그리고 물상(物像)이 무변(無邊, 끝이 없음)이나 반야(般若, 지혜)가 무제(無際, 장애가 없음)라고 하는 것은 법성(法性, 만법의 본성)의 본래 모습을 요달(了達)하여 진여의 지혜를 체득하기 때문이다.

비유하면 대체로 바른길을 알고 가면 만리(萬里)를 가도 기약(期約)이 있지만 만약에 길을 가다가 온갖 사물을 다 알려고 하면 그것의 본질과 충돌(衝突)하게 되어 하루 종일 수행하여도 조금도 진전이 없게 되는 것이다.

또 그 사물(事物)이 존재하는 것을 대상으로 알면 무형(無形)의 경계(畔)를 실상(實相)이라고 아니 불법(佛法)과 어긋나게 되어 그것이 궁핍한 곳에 허망하게 존재하는 것이 된다.(以其不知物有, 無形之畔, 渠有窮虛之域故也.)

그러므로 중도(中道)를 공부하여 배운다고 하면 공(空)으로 실상(實相, 진실의 본성)을 바르게 알 수 있는 기약(期約)이 있게 되지만 만약에 유(有)를 고집하고 무(無)에 집착하면 결국에는 편견(偏見)에 빠지게 되는 것이다.

또 실상(實相)을 대상(對相)으로 알지 말아야 하는 것이기에 존재하는 형상을 존재하지 않는 형상(形相)이라고 하는 것이고 존재하는 것을 없다고 하는 것은 없는 것이 아닌 실상이 진실로 존재하는 것이기 때문이다.(以其不知有, 有非有之相, 無有非無之實故也.)

지금 눈으로 보는 색상(色相, 形相, 佛身, 색의 본성)에 대하여 여러 가지로 말을 하지만 궁극에는 비상(非相, 無相, 空)인 것이며 사람들이 불법(佛法)을 소리 높여 설하지만 구경에는 말로 표현할 수 없는 것인데도 미혹한 사람들은 색상(色相)이 있어 소리로 설(說)하면 깨닫게 된다고 설명을 하고 깨달은 수행자들은 그것이 적정(寂靜)하여 열반이라고 안다.

이와 같으므로 진제(眞諦)는 사리(事理)와 어긋나지 않으므로 사리(事理)의 체(體)는 원진(元眞, 진여, 불성)이고 묘지(妙智, 佛智, 뛰어난 지혜)는 정확하게 불법(佛法)에 맞게 아는 것과 다르지 않으므로 정확하게 아는 것(了知, 智識)의 본성(本性)은 원지(元智, 근본의 지혜, 진여의 지혜)이다.

※ 해설 : 이사불이(理事不二)는 체용(體用)과 공(空)·불공(不空) 그리고 우필차(優畢叉)·중도(中道)를 실천하는 뜻이므로 삼승(三乘)을 설하고 나서 다시 설하여 이사(理事)와 중도(中道)를 정확하게 하고 지유(知有)와 부지유(不知有)에 대하여 강조하고 있는 것이다.

유(有)와 비유비무(非有非無)에 대하여 『大般涅槃經義記』卷8(『大正藏』37, 825쪽. 상28.)에는 다음과 같이 아(我)와 성(性)·상(相)·상(想)·실(實)을 분별하여 설하고 있다.

「二破我分別. 因緣法中無我無人. 以無我故因緣之法 亦非我所 則為非有, 因緣相生故復非無, 非有非無名為中道.

(두 번째는 아(我)를 분별하여 없애는 법이다. 인연법을 정확하게 알면 무아(無我)와 무인(無人)이다. 무아(無我)이기 때문에 인연법에 의하면 역시 아소(我所)가 없는 것이므로 있는 것이 아닌데도(非有) 인연법에 의하여 다시 생기므로 없는 것이 아니라고 하는 것(非無)을 비유비무(非有非無)라고 하며 중도(中道)라고 한다.)

三破性分別. 十二緣法, 但集從緣, 無有自性, 所以非有, 因緣相生是故非無, 非有非無故名為中.(세 번째는 성(性)을 분별하여 없애는 법이다. 12인연법에는 집(集)은 연(緣)에 의하여 있는 것이므로 자성(自性)이 없는 것을 비유(非有)라고 하는 것이고 인연법으로 인하여 상(相)이 생기므로 없는 것이 아니라고(非無)하며 비유비무(非有非無)이고 중도라고 한다.)

四破相分別. 因緣之法, 詮相而有, 窮理本無, 不但無性, 相亦叵得. 如陽炎水 近觀之時 非直無於水性而已水相亦無, 窮理

本無名為非有, 誑相似有說為非無, 非有非無名為中道.(네 번째
는 상(相)을 분별하여 없애는 법이다. 인연에 의하여 생긴 법
을 상(相)이 있다고 생각하는데 본성으로 궁구하여 보면 본래
는 없는 것이므로 무성(無性)일 뿐만 아니라 상(相)을 얻을 수
는 없는 것이다. 비유하면 양염을 물이라고 볼 수 있지만 가까
이에서 보면 물의 성분도 없는 것이고 물이라는 상(相)도 역시
없는 것처럼 본성으로 궁구하여 없는 것을 비유(非有)라고 하
는 것이고 상(相)이 있는 것과 같은 것을 비무(非無)라고 하며
비유비무(非有非無)를 중도라고 한다.)

　五破想分別. 十二緣法 更細推求 心外無法, 但是妄想 自心
所見. 如夢所見, 皆是心起. 以心起故於理本無名為非有, 妄心
自現說為非無, 非有非無名為中道.(다섯 번째는 상(想)을 분별
하여 없애는 것이다. 12인연법으로 다시 자세하게 추구(推求)
하여 보면 마음밖에는 무법(無法)인데 단지 망상(妄想)으로 자
신의 마음으로 있다고 보는 것이다. 비유하면 꿈속에서 본 것
과 같은 것이 모두가 마음에서 생기는 것이다. 마음속에서 생
긴 것이므로 본성으로 보면 무명(無名)인 것을 비유(非有)라
하는 것이고 망심으로 인하여 나타난 것을 설명하는 것이기
때문에 비무(非無)라고 하며 비유비무(非有非無)를 중도라고
한다.)」

　자신의 자성이 공(空)이며 불성(佛性)이라는 것을 알고 자신
의 만법(萬法)이 공(空)이 되면 경계지성(境界之性)이 되고 경
계지성이 되었다는 사실을 자신이 자각하여 안다면 불공(不空)
이 되는 것이고 공(空)과 불공(不空)을 공정하게 실천하는 것
을 중도(中道)나 지관쌍수(止觀雙修)라고 하고 이사불이(理事
不二)를 실천한다고 하는 것이다.

然而妙旨絶言, 假文言以詮旨, 真宗非相, 假名相以標宗.
譬夫象非雪山, 假雪山而類象, 此但取其能類耳, 豈以雪山而
為象耶.
今之法非常而執有, 有假非有以破常, 性非斷而執無, 假非無
而破斷.
類夫淨非水灰, 假水灰而洗淨者, 此但取其能洗耳, 豈以水灰
而為淨耶.
故知中道不偏, 假二邊而辨正, 斷常非是, 寄無有以明非.
若有若無言既非, 非有非無亦何是.
信知妙達玄源者, 非常情之所測也.
何者, 夫妄非愚出, 真不智生, 達妄名真, 迷真曰妄.
豈有妄隨愚變, 真逐智迴. 真妄不差, 愚智自異耳.

그러므로 묘지(妙旨, 宗旨)는 언어문자로 표현할 수 없지만
일시적으로 말이나 문자로 종지(宗旨)를 자세히 설명하고 진정
한 종지(宗旨)는 생각도 할 수 없지만 일시적으로 명상(名相,
일체사물의 이름과 형상)을 빌려 종지(宗旨)를 나타내는 것이
다.

　비유하면 대체로 흰 코끼리가 설산(雪山)은 아니지만 가상
하여 설산(雪山)을 흰 코끼리와 유사하다고 해도 이것은 단지
흰 코끼리나 설산(雪山)을 자신이 유사(類似)하다고 집착하여
생각만하는 것일 뿐이지 어찌 설산(雪山)을 흰 코끼리라고 할
수 있겠는가?

　지금 말하는 법(法)도 무상(無常)이지만 집착에 의하여 존재
하는 것인데 (존재한다고 하는 것은) 존재하지 않는다고 하는
말에 의하여 항상 존재한다는 생각을 파괴하는 것이고 본성
(本性)은 단멸(斷滅)하는 것이 아니지만 무(無)에 집착하여서

없는 것(無)도 아니라고 하여 단멸(斷滅)한다고 하는 생각을 파괴하는 것이다.

비유하여 보면 대체로 씻는 것은 양잿물(水灰, 물과 비누, 물과 재)이 아니고 양잿물을 이용하여 깨끗하게 씻는다는 것이므로 이것은 단지 씻는 기능만 취한 것이지 어찌 양잿물을 청정하다고 할 수 있겠는가? (類夫淨非水灰, 假水灰而洗淨者, 此但取其能洗耳, 豈以水灰而爲淨耶.)

그러므로 중도(中道)가 어디에도 치우치지 않는다는 것은 양변(兩邊, 二邊, 유무, 차별)에 의하여 올바른 것을 정확하게 아는 것이고 단견(斷見)과 상견(常見)이 바르지 않다는 것은 유무(有無)에 의지하여 잘못된 것이 밝혀지기 때문이다.(故知中道不偏, 假二邊而辨正, 斷常非是, 寄無有以明非.)

만약에 유(有)와 무(無)로 아는 것을 이미 잘못된 것이라고 말하였다고 하면 비유(非有)와 비무(非無)로 아는 것도 역시 어찌 바른 것이 되겠는가?(若有若無言旣非, 非有非無亦何是.)

그러므로 묘지(妙智, 宗旨)를 확신하고 정확하게 깨달아 현지(玄旨)의 근원을 통달하면 일반적인 중생심으로는 중도(中道)를 사량 분별하지 않게 되는 것이다. (信知妙達玄源者, 非常情之所測也.)

왜냐하면 대체로 망념(妄念)은 우치(愚癡)에서 나오는 것이 아니고 깨달음도 지혜에서 생기는 것이 아니며 망념(妄念)의 근원을 통달하면 깨닫는다고 하는 것이고 진실한 깨달음이 무엇인지 모르는 것을 망념(妄念)으로 살아간다고 하는 것이다. (何者, 夫妄非愚出, 眞不智生, 達妄名眞, 迷眞曰妄.)

그러므로 어찌하여 망념(妄念)이 우치(愚癡)가 변하여 있는 것이라고 하고 깨달음이 지혜를 사량 분별하여 있는 것이라고 하겠는가?

진망(眞妄)은 근본적으로 보면 다르지 않지만 (본성을 깨달아 근본적으로 진실을 알지 못하면) 우치(愚癡)와 지혜가 완전히 다른 것이 된다.(豈有妄隨愚變, 眞逐智迴. 眞妄不差, 愚智自異耳.)

※ 해설 : 경(經)에 의하면 염기즉각(念起即覺) 각지즉실(覺之即失)이라고 하고 있듯이 중도(中道)를 실천한다고 하면 공(空)을 알아야 하고 공(空)을 알면 관(觀)이나 불공(不空)이 되어야 지혜가 구족하게 되어 지관쌍수(止觀雙修)나 이사불이(理事不二)가 되고 이사불이(理事不二)를 실천하는 것이 선(禪)인 것이다.
　여기에서 이사불이(理事不二)를 설하고 나서 다시 9권에 "勸友人書"를 설하는 것도 이사불이(理事不二)를 실천해야 하기 때문이다.
　일반적으로 공(空)은 이(理)나 체(體)그리고 삼매(三昧, 사마타)로 말하는 것이고 사(事)는 불공(不空)·용(用)·상(相)·위빠사나라고 하는 것이고 이사불이(理事不二)에서 불이(不二)는 중도(中道)나 우필차(優畢叉)를 실천하는 것이기 때문에 다음에 "勸友人書"를 설하고 마지막에 발원문을 설(說)하였다고 볼 수 있다.
　참고로 부언(附言)하면 영가현각(永嘉玄覺, 665~713)의 영가집을 10단으로 나눈 것은 10이라는 원수(圓數)에서 기원하였다고 볼 수 있는데 불교에서는 10이라는 원수(圓數)를 많이 사용하고 있다.
　그러므로 일반적으로 십상도(十象圖), 십우도(十牛圖), 심우도(尋牛圖), 십마도(十馬圖)등의 도상에도 나타나있지만 경전에도 십(十)이라는 숫자는 십선(十善) 십악(十惡) 등으로 다양하게 10이라는 원수(圓數)로 기록하고 있으므로 일부러 10단으로 나눈 것으로 보여 진다.

天眞非造絶經綸　位次分明必有倫
欲識宮商同調處　鳥啼花咲一般春

2) 이(理)의 본체를 밝힘

夫欲妙識玄宗, 必先審其愚智.
若欲審其愚智, 善須明其眞妄, 若欲明其眞妄, 復當究其名體.
名體若分, 眞妄自辨, 眞妄旣辨, 愚智迢然.
是以愚無了智之能, 智有達愚之實.
故知非智無以明其眞妄, 非智莫能辨其名體.
何者, 或有名而無體, 或因體而施名, 名體混緒, 實難窮究矣.

대체로 현묘한 종지(宗旨)를 정확하게 알려고 하면 반드시 먼저 우치(愚癡)와 지혜(智慧)가 무엇인지 자세하게 알아야 한다.

만약에 우치(愚癡)와 지혜(智慧)를 정확하게 알려고 한다면 먼저 그것의 진망(眞妄)을 반드시 밝혀야 하고 또 그것의 진망(眞妄)을 밝히고자 하면 다시 마땅히 그것의 명체(名體, 사물의 이름과 본체, 사물의 이름과 그것의 실체)를 궁구(窮究)하여야 한다.

명체(名體)를 만약에 분별할 줄 알면 진망(眞妄)을 스스로 분별할 수 있으며 진망(眞妄)을 이미 분별하게 되면 우치(愚癡)와 지혜(智慧)가 다르다는 것을 알게 되는 것이다.

그러므로 우치(愚癡)하면 지혜(智慧)가 무엇인지 알 수 있는 능력이 없는 것이고 지혜(智慧)가 있으면 우치(愚癡)를 통달할 수 있는 것이 진실이다.

그리하여 지혜(智慧)가 아니면 그것의 진망(眞妄)을 알 수 없고 또 지혜(智慧)가 아니면 그것의 명체(名體)를 분별할 능력이 없다는 것을 알아야 한다.

왜냐하면 간혹 이름은 있는데 본체(本體)가 없거나 혹은 본체(本體)로 인하여 이름을 붙인 것이나 명체(名體)가 섞여 있어서 그것의 실마리를 찾아 진실을 궁구(窮究)하기가 어려운 것이다.

是以體非名而不辨, 名非體而不施, 言體必假其名, 語名必藉其體.

今之體外施名者, 此但名其無體耳, 豈有體當其名耶.

譬夫兔無角而施名, 此則名其無角耳, 豈有角當其名耶.

그러므로 본체(本體)는 이름이 아니면 분별할 수 없고 이름은 본체(本體)가 아니면 붙일 수가 없으니 본체(本體)를 말하려고 하면 반드시 그것의 이름을 빌려서 말하는 것이고 이름을 말할 때는 반드시 그것의 본체(本體)에 의하여 말하여야 하는 것이다.

지금 체외방편(體外方便)으로 이름을 시설하는 것은 이것이 단지 이름이 본체가 없다는 것(無體)을 말하는 것인데 어찌 본체(本體)에 적당(的當)한 이름이 있을 수 있겠는가?

비유하면 일반적으로 토끼는 뿔이 없는데도 뿔이 있는 토끼라고 이름을 붙인다면 이것은 곧 이름만 있는 것이고 실제로 뿔은 없는 것인데 어찌 뿔이 있는 토끼가 적당한 이름이라고 할 수 있겠는가?

無體而施名者, 則名無實名也. 名無實名, 則所名無也. 所名
既無, 能名不有也.

何者, 設名本以名其體, 無體何以當其名, 言體本以當其名,
無名何以當其體.

體無當而非體, 名無名而非名.

此則何獨體而元虛, 亦乃名而本寂也.

실체(實體, 本體)가 없는데도 이름을 붙인다고 하면 즉 그
이름은 실제로 맞는 이름이 아닌 것이다.

이름이 실명(實名, 실제로 맞는 이름, 진실한 명칭, 정확한
이름)이 아니라면 즉 이름으로 불리는 것이 없는 것이 된다.

이름으로 불리는 실체(實體)가 이미 없다면 이름도 존재하
지 않는 것이 된다.

왜냐하면 이름을 설정(設定, 새로 만들어 정함)하는 것은 본
래 그것의 실체(實體)를 지칭하는 것인데 실체(實體)가 없으면
어떻게 적당(的當)한 이름을 붙일 수 있으며 실체(實體)를 말
하는 것은 본래 그것의 이름으로 말하는 것인데 이름이 없다
면 어떻게 그 실체(實體)를 적당(的當)하게 말할 수 있겠는가?

실체(實體)에 적당한 이름이 없으면 실체(實體)가 아니고 이
름도 이름을 붙일 수가 없다고 하면 이름이 아닌 것이다.

이와 같은 즉 어찌 유독(惟獨) 실체(實體)만 원래 빈 것이겠
으며 역시 이름도 본래 없는 것(寂滅)이 된다.

然而無體當名, 由來若此, 名之體當, 何所云為.

夫體不自名, 假他名而名我體, 名非自設, 假他體而施我名.

若體之未形, 則名何所名, 若名之未設, 則體何所明.

然而明體雖假其名, 不為不名而無體耳, 設名要因其體, 無體則名之本無.

如是則體不名生, 名生於體耳.

今之體在名前, 名從體後辨者, 如此則設名, 以名其體, 故知體是名源耳.

그러나 실체(實體)가 없는데 이름을 붙인 것은 유래(由來)가 이와 같지만 이름이 실체(實體)와 적당(的當)하다면 어떻게 말할 수 있겠는가?

대체로 실체(實體)가 각자 스스로 이름을 붙인 것이 아니고 다른 이가 이름을 붙여서 자신의 실체(實體)라고 이름붙인 것이므로 이름이 스스로 설정(設定)된 것이 아니고 다른 실체(實體)에 의지하여 자신의 이름을 설정(設定)한 것이 된다.

만약에 실체(實體)가 모양으로 나타나지 않았다면 즉 그것의 이름이 어떻게 이름으로 불리었겠으며 만약에 이름을 설정(設定)할 수 없다면 즉 실체를 어떻게 밝힐 수 있겠는가?

그렇지만 실체(實體)를 밝히려고 하면 비록 그 이름에 의지하지만 이름을 붙이지 않는다고 하여 실체(實體)가 없는 것은 아니고 이름을 설정(設定)하는 것은 그 실체(實體)에 의한 것이며 실체(實體)가 없으면 즉 이름도 본래 없는 것이 된다.

이와 같으므로 실체(實體)는 이름이 생겨서 생긴 것이 아니나 이름은 실체(實體)에서 생긴 것이 된다.

지금 실체(實體)가 이름이전에 존재(存在)하고 이름을 실체(實體)의 뒤를 따라 분별(辨)하게 이름을 붙인 것이니 이와 같이 곧 이름이 설정(設定)된 것은 이름이 그 실체(實體)를 말하는 것이 되므로 실체(實體)가 바로 이름의 근원(根源)이라는 것을 알아야 한다.

※ 해설 : 실체(實體)나 본체(本體)는 이름에 의하여 나타나는 것이지만 그것의 근원은 본체(本體)인 것이다.
　그러므로 본체의 근원은 언어문자를 벗어난 것이 되므로 언어문자를 벗어난 본체를 보는 것을 공(空)이라고 하고 사마타라고 하는 것이다.

3) 사(事)의 근원은 연(緣)

則名之所由, 緣起於體, 體之元緒, 何所因依.
夫體不我形, 假緣會而成體, 緣非我會, 因會體而成緣.
若體之未形, 則緣何所會, 若緣之未會, 則體何所形.
體形則緣會而形, 緣會則體形而會.
體形而會, 則明形無別會, 形無別會, 則會本無也.
緣會而形, 則明會無別形, 會無別形, 則形本無也.
是以萬法從緣, 無自體耳.

즉(則) 이름이 생기게 된 유래(由來)가 실체(實體)가 있기 때문에 생긴 것이라고 하면 실체(實體)의 근원은 무엇을 의지해서 있다고 하는 것인가?

대체로 실체(實體)가 자신의 형태를 나타내는 것이 아니라 인연(因緣)에 의하여 실체(實體)를 나타내는 것이므로 연(緣)은 자신이 혼자 이루어진 것이 아니고 본체를 인(因)으로 하여 연(緣)이 되는 것이다.

만약에 본체(本體)가 아직 형성되지 않았다고 하면 즉 연(緣)이 어떻게 생길 수 있으며 또 만약에 연(緣)이 아직 본체(本體)를 만나지 못하였다고 하면 즉 실체(實體)가 어떻게 형성되어 나타나겠는가?(若體之未形, 則緣何所會, 若緣之未會, 則體何所形.)

실체(實體)가 형성되는 것은 곧 연(緣)을 만나야 형성되는 것이고 연(緣)을 만나면 곧바로 실체(實體)가 형성되어서 연(緣)이 이루어지는 것이다.(體形則緣會而形, 緣會則體形而會.)

실체(實體, 本體)가 형성되는 것은 연(緣)을 만나야 하는 것이지만 즉(則) 명백히 본체(本體)가 형성되는 특별한 만남은 없는 것이고 본체(本體)가 형성되는 특별한 만남이 없다고 하면 만남은 본래 없고 무자성(無自性)이 된다.(體形而會, 則明形無別會, 形無別會, 則會本無也.)

연(緣)을 만나야 실체가 형성되는 것이나 즉 명백히 연(緣)을 만나야 만들어지는 특별한 형태(形態)가 없는 것이어서 연(緣)을 만나야 만들어지는 특별한 실체가 없는 것이 되어 실체(實體)가 형성되는 것은 본래 없고 무자성(無自性)이 된다.(緣會而形, 則明會無別形, 會無別形, 則形本無也.)

그러므로 만법(萬法)은 인연(因緣)에 의하여 존재하는 것이어서 자체(自體)는 무자성(無自性)이 되는 것이다.(是以萬法從緣, 無自體耳.)

※ 해설 : 관조하는 사람과 대상경계를 능소(能所)로 보고 인연(因緣)에 의하여 만법(萬法)이 만들어지는 것의 실체를 증명하고 있다.

실체(實體, 本體)를 대상(對相)경계(境界)의 물질(物質)을 말하는 것으로 알고 있지만 그 물질도 고정되어 불변(不變)하는 물질은 세상에 존재하지 않는 것인데도 사람들은 변하지 않는 물질이 있다는 고정관념이 있어서 대상(對相)과 자신의 거리가 있는 것이다.

그러므로 실체(實體)는 자신이 알고 있는 물질도 자신의 마음속에서 만들어지는 인연법(因緣法)이라는 사실을 알아야 실체(實體)도 연(緣)도 만법(萬法)도 무자성(無自性)이 된다는 것을 알게 되는 것이다.

만법(萬法)을 언어문자로 자신이 아는 것이므로 언어문자로 아는 것의 체(體)가 공(空)이고 공(空)이라는 사실을 자각하는 것을 연(緣)이라고 용(用)을 설하고 있다.

체용(體用), 이사(理事), 성상(性相), 지관(止觀)은 공(空)과 불공(不空)을 나타내고 있는 것이다.

〔우필차〕

4) 중도(中道)는 심행처멸

體而無自, 故名性空, 性之既空, 雖緣會而非有, 緣之既會,
雖性空而不無.
是以緣會之有, 有而非有, 性空之無, 無而不無.
何者會即性空, 故言非有, 空即緣會, 故曰非無.
今言不有不無者, 非是離有, 別有一無也, 亦非離無, 別有一
有也.
如是則明法, 非有無故, 以非有非無名耳.
不是非有非無, 既非有無, 又非非有, 非非無也.
如是何獨言語道斷, 亦乃心行處滅也.

실체(實體)에 자성(自性)이 없으므로 본성(本性)이 공(空)하
다고 하는 것이고 본성(本性)이 이미 공(空)하다고 하면 비록
연(緣)을 만나도 중생심이 존재하는 것이 아닌 공(空)이고, 연
(緣)은 이미 실체(實體)를 만나 형성되었으므로 비록 본성(本
性)을 공(空)이라고 하는 것이지 실체(實體)가 없다는 것은 아
니다.(體而無自, 故名性空, 性之既空, 雖緣會而非有, 緣之既
會, 雖性空而不無.)
그러므로 연(緣)을 만나 실체가 있는 것이라고 하나 있다는
것은 공(非有, 空)으로 존재하는 것이고 존재하는 실체(實體)
의 본성(本性)이 공(空)이므로 없다고 하는 것은 망념(妄念)이
없는 것이지 실체가 없는 것은 아니다.(是以緣會之有, 有而非
有, 性空之無, 無而不無.)
왜냐하면 연(緣)을 만나도 본성(本性)이 공(空)이므로 비유
(非有, 空)라고 말하는 것이고 공(空)하므로 연(緣)을 만나서
청정한 실체가 존재한다는 것을 아는 것이다.(何者會即性空,

故言非有, 空即緣會, 故曰非無.)

　지금 있는 것이 아니고 없는 것이 아니라고 말하는 것은 실체(實體)가 있는 것을 벗어난 것을 말하는 것이 아니라 특별히 진여본성이 있어 차별이 없는 것을 말하는 것이고 역시 청정한 실체를 벗어난 것이 아니라는 것은 특별히 진여본성이 있다는 중도(中道)를 말하는 것이다.(今言不有不無者, 非是離有, 別有一無也, 亦非離無, 別有一有也.)

　이와 같이 여시(如是)하게 알면 곧 명법(明法, 佛法, 萬法)을 자각하게 되어 유무(有無, 유와 무, 존재와 비존재)의 법을 초월하게 되므로 중도(中道, 非有非無, 有無의 中道)라고 말하는 것일 뿐이다.(如是則明法, 非有無故, 以非有非無名耳.)

　비유비무(非有非無, 中道)도 아니라고 하는 것은 이미 유무(有無)를 초월하였기 때문에 다시 비유(非有, 空)를 뛰어넘어야 하고 비무(非無, 不空)도 초월해야 하는 것이라고 하는 것이다.(不是非有非無, 既非有無, 又非非有, 非非無也.)

　이와 같으므로 어찌 유독 언어도단(言語道斷)이라고만 하겠는가? 또 심행처멸(心行處滅)이라고 하는 것이다.(如是何獨言語道斷, 亦乃心行處滅也.)

※ 해설 : 중도(中道)까지도 초월하였기에 언어문자로 설명할 수 없고 사량 분별로는 미칠 수 없는 진여의 지혜로 살아가는 경지를 말한다.

　공(空)과 불공(不空)이라는 것을 알면 지관(止觀)을 알게 되는 것이므로 유무(有無)의 법을 초월하는 것이 중도(中道)인 것이다.

　중도(中道)를 초월한 비비유(非非有)와 비비무(非非無)에 대하여

『大乘起信論』(『大正藏』32, 576쪽. 상29.)에 다음과 같이 설하고 있다.「當知眞如自性, 非有相, 非無相, 非非有相, 非非無相. 非有無俱相, 非一相, 非異相, 非非一相, 非非異相, 非一異俱相.」(진여자성은 공상(空相)이므로 불공상(不空相)이 되니 공(空)도 초월하고 불공(不空)도 초월하여 차별분별이 없다는 것을 알아야 한다. (진여자성은) 유무(有無)의 모든 상(相)을 초월한 것이므로 일상(一相)도 아니고 이상(異相)도 아니며 일상(一相)을 초월하고 이상(異相)도 초월하여서 일상(一相)이나 이상(異相)을 모두 초월한 것이라는 것을 알아야 한다.)

그리고 『大般涅槃經義記』卷1(『大正藏』37, 614쪽. 중5.)에도 다음과 같이 설하고 있다.「言離相者, 如馬鳴說, 謂非有相, 非無相, 非非有相非非無相. 非有無俱相, 非自相, 非他相, 非非自相非非他相, 非自他俱相. 如是一切妄心分別, 悉不相應, 唯證境界.」

여기에서 이사불이(理事不二)는 중도(中道)까지도 초월한 몰종적을 말하는 것이기에 선(禪)의 생활이고 『영가집』을 『선종영가집』이라고 하는 것도 이것 때문이라고 생각된다.

영가(永嘉)가 육조(六祖)문하(門下)에서 깨달음을 얻었다고 일숙각(一宿覺)이라고 하는 것도 이와 같은 내용 때문에 생긴 것이라고 생각되고 이후에 천태종의 수행자들이 선종(禪宗)으로 전환(轉換)되는 계기가 되었다고 생각된다.

9. 친구에게 편지로 권(勸)하여 밝힘 〔勸友人書第九〕

1) 현랑선사가 현각대사에게 보낸 편지

　　　　　　　婺州 浦陽縣 佐溪山 朗禪師 召大師 山居書
　自到靈谿, 泰然心意, 高低峯頂, 振錫常游, 石室巖龕, 拂乎
宴坐.
　青松碧沼, 明月自生, 風掃白雲, 縱目千里.
　名花香果, 峯(蜂)鳥銜將, 猨嘯長吟, 遠近皆聽, 鋤頭當枕, 細
草為氈.
　世上崢嶸, 競爭人我, 心地未達, 方乃如斯.
　儻有寸陰, 願垂相訪.

　무주(婺州) 포양현(浦陽縣) 좌계산(佐溪山) 현랑선사(朗禪
師)가 영가현각대사(永嘉玄覺大師)를 초청하여 산거(山居)하자
는 편지(書)

　영계(靈谿)에 도달(到達)하니 마음이 태연(泰然)하고 편안하
여 높고 낮은 것의 정상에서 석장(錫杖, 주장자, 육환장)을 가
지고 항상 유유자적하면서 석실(石室, 신선이 사는 곳, 은거하
는 방)에 불상을 모시고 연좌(宴坐, 좌선)하며 수행하고 있습
니다.

　푸른 소나무와 맑은 연못이 있는 곳에 편안하게 수행하니
밝은 달(明月)이 저절로 나타나게 되고 거센 수행의 바람으로
백운(白雲, 객진 번뇌)을 빨리 제거하니 천리안(千里眼)을 구
족하여 자유자재로 생활하고 있습니다.

　유명한 꽃(名花)과 향기로운 과일을 벌과 새가 가지고 와서
공양(供養)을 하고 원숭이의 울음소리와 같이 길게 노래하는

것을 어디에서나 모두 청정하게 들으며 괭이를 들고 생활하면서 보잘 것 없는 초목으로 좌복을 하여 수행하고 있습니다.

세상(世上)에서는 사람들이 뛰어난 재주를 가지고도 인아상(人我相) 때문에 서로 경쟁(競爭)하며 자신을 나타내고자 하는 것은 심지(心地)를 아직 통달하지 못했기 때문에 비로소 그와 같이 되는 것입니다.(世上崢嶸, 競爭人我, 心地未達, 方乃如斯.)

만약에 시간이 있으시면 한번 찾아 주시기를 원합니다.

※ 해설 : 현랑(玄朗, 673-754)이 현각(玄覺, 665?, 675?-713)에게 보내는 편지에서 영계(靈谿)를 지명(地名)으로 보면 양주 영계산(襄州靈谿山)이라고 할 수 있지만 자신이 깨달은 경지를 말하는 것이라는 의미가 많다.

천태(天台)의 8대조사(祖師)인 좌계존자(左溪尊者)의 편지이기 때문에 자신의 경지를 대표하는 것을 영계(靈谿)라고 표현하였으리라고 생각된다.

"유명한 꽃(名花)과 향기로운 과일을 벌과 새가 가지고 와서 공양(供養)을 한다.(名花香果, 蜂鳥銜將)" 는 내용을 보면 자신의 수행이 올바르고 모든 이들이 칭송하는 최고의 경지라는 것을 나타내면서 현각(玄覺)에게 자신과 같이 속세를 벗어나 깊은 산속에서 같이 살자고 하는 의미이다.

여기에서 우두법융(牛頭法融, 594-657)이 사조도신(四祖道信, 580-651)을 친견하고 나니 새와 짐승들이 꽃을 공양하러 오지 않았다고 하는 것을 암시하고 있는 내용과 같다.

현랑(玄朗, 673-754)의 경지는 사조도신(四祖道信, 580-651)을 친견하지 못한 상태이고 영가(永嘉)현각(玄覺)은 사조도신(四祖道信)을 친견한 경지에서 편지로 대화를 하는 내용이라고 보면 될 것이다.

왜냐하면 영가(永嘉)는 육조(六祖)를 친견(親見)한 후에 천태에서 선종으로 전환하였기에 지난날 도반이었지만 지금은 천태의 8조(祖)가 된 좌계존자(左溪尊者)의 편지를 받고 천태의 잘못된 수행을 지적하고 있는 것이다.

東家攢燧得金星　分照西家不碍明
自利利他成勝進　九皐离送九天聲

2) 현각대사가 현랑선사에게 보낸 답신

大師答朗禪師書

自別以來, 經今數載, 遙心眷想, 時復成勞, 忽奉來書, 適然
無慮.

不委信後, 道體如何, 法味資神, 故應淸樂也.

玄覺粗得延時, 欽詠德音, 非言可述.

　　현각대사가 현랑선사의 서신(書信)에 답하는 편지(書信)
그대와 이별한 이후 몇 년이 지나서 보고 싶은 마음이 간절
하여 생각으로는 근심도 하며 때로는 뜻하는 바를 이루었으리
라고 생각하였었는데 홀연히 서신(書信)을 받고 보니 때마침
(適然, 공교롭게도, 당연히) 걱정하던 것이 사라졌습니다.

　서신(書信)을 보낸 이후에 도체(道體)는 어떠하신지 자세히
알지 못하겠지만 미묘한 불법(佛法)의 본질을 음미(法味)하며
공덕(功德)을 지으므로 응당 청량한 극락세계에서 사시는 소식
일 것이라고 생각합니다.

　현각(玄覺)이 조금 시간을 내어 훌륭한 말씀(德音)을 존경스
럽게 읽어보니 언어문자로 표현할 수 없을 정도입니다.

① 수행자가 산골에서 은거하며 수행하는 바른 참선법

承懷節操, 獨處幽棲, 泯跡人間, 潛形山谷, 親朋絕往, 鳥獸時遊, 竟夜綿綿, 終朝寂寂, 視聽都息, 心累聞然, 獨宿孤峯, 端居樹下, 息繁浪道, 誠合如之.

편지를 읽어보니 절조(節操, 절개와 지조)를 계승하고 수행자로서 속세를 벗어나 독자적인 삶을 살아가니 속세 인간의 자취가 사라지고, 몸은 산골에서 잠행(潛行, 불법에 맞게 생활)하며 친한 벗들과 세속의 왕래를 끊고 새와 짐승들과 함께 언제나 한가롭게 살아가니, 밤이 다하도록 온종일 적적(寂寂)하게 살며 보고 듣는 것을 모두 쉬니 마음의 번뇌 망념이 사라진 모습으로(聞然, 텅 빈 모양) 홀로 깨달음의 세계에서 살아가며, 나무아래에 단정히 앉아 속세의 번뇌를 끊고 도(道)에 맞게 수행하는 것이 진정으로 합당하다고 봅니다.

然而正道寂寥, 雖有修而難會, 邪徒誼擾, 乃無習而易親.
若非解契玄宗, 行符真趣者, 則未可幽居抱拙, 自謂一生歟.
應當博問先知, 伏膺誠懇, 執掌屈膝, 整意端容, 曉夜忘疲,
始終虔仰, 折挫身口, 蠲矜怠慢, 不顧形骸, 專精至道者, 可謂
澄神方寸歟.
夫欲採妙探玄, 實非容易, 決擇之次.
如履輕氷, 必須側耳目, 而奉玄音, 肅情塵而賞幽致.
忘言宴旨, 濯累浪微, 夕惕朝詢, 不濫絲髮.
如是則乃可潛形山谷, 寂累絕群哉.

　그러나 정도(正道)로 수행하는 것은 적막(寂寞, 寂寥, 寂靜)하여서 비록 수행을 한다고 하여도 깨닫기는 어려운 것이고 삿된 무리들이 말하는 도(道)는 시끄럽고 요란하게 떠들어대므로 이내 정도(正道)로 훈습하지 않고 수행하지 않았으면 삿된 도(道)에 물들기 쉽습니다.

　만약 현종(玄宗, 현묘한 宗旨)을 정확하게 깨닫지 않았다면 진취(眞趣, 진실한 趣旨)로 수행한다고 하여도 곧 도(道)만 중요시하여 끌어안고 은거하는 것이 자신의 일생(一生)이라고 알고 수행하게 되니 옳은 것은 아닙니다.

　그렇다면 응당(應當) 선지식에게 많이 물어서 정성껏 받아들이고 합장하여 무릎을 꿇고 마음을 정리(整理)하여 용모를 단정하게 하고 항상 존경하는 마음으로 믿고 추종하며 신구의(身口意) 삼업(三業)을 다스려 태만하지 않으면서 자신의 육신(몸)에 대한 집착을 하지 않고 오직 진여의 지혜로 살아가는 수행자가 되어야 정신(精神, 六識, 眞心, 心)을 청정하게 하는 마음으로 수행한다고 말할 수 있는 것입니다.

　대체로 묘법(妙法, 불가사의법, 一乘法)을 채취(採取)하고 현지(玄旨)를 탐구(探求) 하는 것은 실제로 쉬운 것이 아닌데 결택(決擇, 간택, 결론을 내는 것, 의문을 해결하고 이치를 밝히는 것)을 해야 합니다.

그렇게 하려면 얇은 얼음판위를 지나가듯이 하며 반드시 귀와 눈을 기울여 현묘한 소리(玄音)를 받들어 잘 들으면 육근(六根)과 육진(六塵)이 청정하게 되어 유지(幽旨)를 알게 되는 것입니다.

그러므로 언어문자를 벗어나 현지(玄旨)로 연좌(宴坐)하며 번뇌 망념을 씻고 미묘한 경지에서 수행하면서 밤에도 게을리 하지 않고 하루 종일 참문(參問)하여 털끝만큼도 함부로 하지 않아야 합니다.

이와 같이 수행한다면 몸은 산골에서 잠행(潛行, 불법에 맞게 생활)하여도 번뇌 망념을 벗어난 적정(寂靜)의 세계에 살며 속세의 무리들과 단절하였다고 말할 수 있습니다.

※ 해설 : 불법(佛法)에 조금도 어긋남이 없이 계행을 잘 지키며 수행하는 소승(小乘)의 수행자(修行者)도 자신을 제도(濟度)하지 못하고 떠들어대는 사도(邪徒)들이 말하는 도(道)에 현혹될 수 있기 때문에 정도(正道)로 잘 훈습(薰習)하여야 한다고 하고 있다.

앞에 설한 신구의(身口意) 삼업(三業)을 청정하게 하여 소승(小乘)의 수행자(修行者)가 되어야 한다고 하는 것이고 아직 소승의 수행자도 되지 않았다고 8조를 질책하고 있다.

그러므로 "언어문자를 벗어나 현지(玄旨)로 연좌(宴坐)하며 번뇌 망념을 씻고 미묘한 경지에서 수행하면서 밤에도 게을리 하지 않고 하루 종일 참문(參問)하여 털끝만큼도 함부로 하지 않아야 합니다." 라고 하고 있는 것은 이제부터 완벽한 수행을 하여 비록 몸은 산골에 있지만 완벽한 소승의 수행자인 삼승(三乘)이 된다고 하는 것이다.

其或心徑未通, 矚物成壅, 而欲避誼求靜者, 盡世未有其方.
況乎欝欝長林, 峨峨聳峭, 鳥獸鳴咽, 松竹森梢, 水石崢嶸, 風枝蕭索, 藤蘿縈絆, 雲霧氤氳, 節物衰榮, 晨昏眩晃, 斯之種類, 豈非喧雜耶.
故知見惑尚紆, 觸途成滯耳.

혹시(其或, 혹은) 마음을 곧바로 통달하지 못하였다면 대상 경계를 만나는 것마다 장애가 되는 것인데 시끄러운 곳(誼)을 피하여 적정(寂靜)한 곳을 구하려고 하는 수행자가 있다면 이 세상 어디에도 그런 곳은 찾지 못할 것입니다.

하물며 숲이 울창하고 무성한 곳의 높고 험한 산에는 새와 짐승들은 소나무와 대나무의 숲에서 울고 물이 흐르고 바위가 험한 곳에 나뭇가지에 부는 바람소리가 적막하며 쓸쓸하고 등나무 넝쿨이 얽혀 있는 곳에 구름과 안개가 자욱하고 계절에 따라 만물들이 피고 지는 것은 아침저녁으로 피었다 지는데 이와 같은 것들이 어찌 번잡하고 시끄러운 것이 아니겠습니까?

그러므로 견혹(見惑)이 아직까지 남아 있으면 하는 것마다 장애(障礙)가 되는 것이라고 알아야 하는 것입니다.

※ 해설 : 아직까지 자신의 마음도 통달하지 못하였다고 하면 어디에서 수행을 하여도 번잡한 것이기 때문에 견혹(見惑)을 제거

해야 하는 것이다.

　조용하고 깊은 산속에서 새와 짐승이 울고 바람 부는 소리를 벗 삼아 수행하는데 새와 벌이 와서 공양을 한다고 하는 것은 자신이 완벽한 소승의 수행자라는 말을 하고 있는 것이 된다.

　그래서 아직까지 마음에 견사혹(見思惑)이 남아 있기 때문에 반대로 하면 그것이 시끄러운 소리가 되는 것이라고 하는 것이고 세속의 번뇌를 보리(菩提)로 하여야 어디든지 열반적정한 곳이 된다고 하고 있다.

② 생멸(生滅)이 공(空)이 되어야 산골에서 연좌

是以先須識道, 後乃居山.
若未識道, 而先居山者, 但見其山, 必忘其道.
若未居山, 而先識道者, 但見其道, 必忘其山, 忘山則道性怡神, 忘道則山形眩目.
是以見道忘山者, 人間亦寂也, 見山忘道者, 山中乃喧也.
必能了陰無我, 無我誰住人間.
若知陰入如空, 空聚何殊山谷.
如其三毒未祛, 六塵尚擾, 身心自相矛盾, 何關人山之喧寂耶.

그러므로 먼저 반드시 도(道)가 무엇인지 깨달은 이후에 산에서 수행할 수 있는 것입니다.

만약에 도(道)를 깨달아 알지 못하고 산에서 홀로 수행한다고 하면 단지 산에서 자신의 견해만 터득하게 되는 것이고 도(道)를 망각(忘却)하게 되는 것입니다.

만약에 산에서 홀로 수행하기 전에 먼저 도(道)를 깨달아 아는 수행자는 단지 도(道)에 맞게 수행하는 견해를 터득하게 되어 반드시 산에서 수행해야 한다는 견해가 없게 되어 산이라는 집착이 없이 수행하며 도(道)의 본성(道性)으로 수행하게 되니 심신(心神)이 안락하게 되지만, 도(道)를 망각(忘却)하면 산의 형상이 자신의 안목을 어지럽히게 되는 것입니다.

그러므로 도(道)를 깨달아 알고 대상경계에 대한 망념(妄念)이 없이 수행(修行)하는 수행자(修行者)는 인간 세상에 살아가지만 항상 열반적정(涅槃寂靜)의 경지에서 살게 되고, 산이라는 대상경계에 집착하고 도(道)를 망각(忘却)한 수행자(修行者)는 첩첩 산중(山中)에서 홀로 살아간다고 하여도 항상 산란하게 되는 것입니다.

　그래서 반드시 자신이 오음(五陰, 五蘊)을 공(空)이라고 깨달아 요달(了達)하여야 제법무아(諸法無我)라는 사실을 체득하게 되는 것이고 무아(無我)라는 사실을 체득한 수행자(修行者)로서 세속에 살아가게 되는 것입니다.

　만약에 오온(五蘊)과 육입(六入, 六境)이 공(空)이라는 사실을 깨닫게 되면 공(空)으로 된 수행자가 되니 수행자가 산골짜기(山谷)와 무엇이 다르겠습니까?

　만약에 삼독(三毒, 탐진치)을 아직까지 버리지 못하였다면 육진(六塵, 六境)경계에 꺼둘리게 되어 경계(境界)를 따르게 되니 신심(身心, 몸과 마음)이 서로 모순(矛盾)되는데 어떻게 사람이 산에서 홀로 수행한다고 할 수 있으며 또, 시끄러움이 적멸(寂滅)하게 되는 것과 무슨 관계가 있겠습니까?

※ 해설 : 산에서 수행한다고 하면 올바른 도(道)를 알아야 산에 살아도 산과 도시라는 경계에 집착하지 않고 항상 안락하게 수행할 수 있지만 자신이 오온(五蘊)과 육진(六塵)이 모두 공(空)이라는 사실을 깨닫지 못하면 경계에 집착하여 자신을 망각하므로 항상 산란하게 되는 것이므로 바른 수행을 하지 못하게 된다고 천태의 8조에게 설하고 있는 것이다.

　마음이 불편하면 육신이 편안하지 않는 것처럼 자신의 마음이 공(空)이라는 사실을 자각하면 육진(六塵)경계(境界)가 공(空)이라고 자각하여야 『임제록』에 설하고 있는 "수처작주입처개진(隨處作主立處皆真)"이 되어 어디에서 수행하여도 좌도량(坐道場)이 되는 것이다.

　탐진치(貪瞋癡)를 버리지 못하면 대상경계가 산란한데 마음이 어떻게 편안해질 수 있는지 다시 천태의 8조에게 천태의 수행이 잘못되었다라고 전하고 있는 부분이다.

且夫道性冲虛, 萬物本非其累, 眞慈平等, 聲色何非道乎.
特因見倒惑生, 遂成輪轉耳.
若能了境非有, 觸目無非道場, 知了本無, 所以不緣而照, 圓
融法界, 解惑何殊.

더군다나(게다가) 도성(道性, 도의 본성)이 청정하다는 것을 자각하면 만물(萬物)로 인하여 번뇌 망념(妄念)이 되지는 않을 것이며 진실한 자비(慈悲)를 실천하여 대상경계(聲色, 六境, 六塵)를 평등하게 대하면 도(道)가 아닌 것이 어디에 있겠습니까?

특히 견해(見解)가 전도(顚倒)되어 번뇌(煩惱)가 생기게 되면 비로소 육도(六道)에서 윤회(輪迴)를 하게 되는 것일 뿐입니다.

만약에 자신이 대상경계가 공(空, 非有)이라는 사실을 요달(了達)하면 눈에 보이는 대상경계가 모두 도량(道場)이 아닌 곳이 없게 되어 이치를 알아 깨닫는 것도 본래 없는 것이므로 연(緣)에 의하지 않고 관조(觀照)하여 원융한 법계가 되니 보리와 번뇌가 어찌 다르겠습니까?

※ 해설 : 도(道)를 여기에서는 촉목시도(觸目是道)의 입장에서 설하고 있는 것으로 자신의 마음이 공(空)하고 대상경계도 공(空)하다는 사실을 알면 모든 것이 도(道)가 되는 것이다.

번뇌즉보리(煩惱卽菩提)가 된다는 사실을 깨닫게 되면 어디에서나 도(道)를 실천할 수 있지만 불법(佛法)을 깨닫지 못하면 견해가 전도(顚倒)되어 육도(六道)에 윤회(輪廻)하게 된다고 설하고 있다.

以含靈而辨悲, 即想念而明智.
智生則法應圓照, 離境何以觀悲, 悲智理合通收, 乖生何以度.
(智生則法應圓照, 離境何以能觀, 悲起則機合通收, 乖生何以能度.)
度盡生而悲大, 照窮境以智圓, 智圓則喧寂同觀, 悲大則怨親普救.
如是則何假長居山谷, 隨處任緣哉.

중생(衆生)이 있기 때문에 자비(慈悲)를 드러내는 것이고 마음에 떠오르는 생각(想念)이나 사유(思惟)를 자각하므로 인하여 지혜를 분명하게 아는 것입니다.

지혜가 생겨서 곧 불법(佛法)에 따라 원만하게 관조하는 것은 대상경계를 초월하여 동등하게 대상경계를 자비로 관조하여야 하는 것이고 자비와 지혜는 본성에서 계합하여야 모두를 받아들이게 되는 것인데 번뇌 망념이 생기는 것을 벗어나서 어떻게 자신이 지혜로 제도(濟度)하게 되겠습니까?

*(자비가 생겨 자성의 근기(根機)와 계합하여 모두를 받아들이게 되어)

차별분별의 번뇌 망념이 일어나는 것을 모두 제도(濟度)하는 능력이 있어야 어디에서도 자비심이 있는 것이고 대상경계를 궁극(窮極, 空)으로 관조하여야 지혜가 원만하게 되고 지혜가 원만(圓滿)하여야 시끄러운 곳(세속)이나 조용한 곳에서도 동등하게 관조하게 되니 어디에서나 자비심이 있게 되므로 원수나 친한 이를 모두 제도(濟度)하게 되는 것입니다.

　이와 같으므로 얼마나 산골에 홀로 오래 은거하며 수행하여야 자신의 법(法)이 불법(佛法)이 되어서 어디에서나 임운자재하며 살아갈 수 있게 되겠습니까?

※ 해설 : 자신이 홀로 수행하여 이승(二乘, 성문, 연각)으로 살아가며 소승(小乘)의 수행자가 되면 대승(大乘)의 자비심(慈悲心)이 구족되지 않게 되는데 어찌 생멸(生滅)하는 모든 번뇌(煩惱)망념(妄念)을 모두 제거할 수 있겠는가?

　그러므로 소승(小乘)의 수행자는 자신도 구제하지 못하는 것이므로 자비와 지혜를 동시에 구족하여야 산속에서 홀로 수행하여도 자신의 법(法)이 불법(佛法)이 되어 임운자재(任運自在)하게 된다고 천태(天台)의 8조(祖)좌계존자(左溪尊者)를 제도(濟度)하고 있는 내용으로 천태의 수행법을 비판하고 있다.

況乎法法虛融, 心心寂滅, 本自非有, 誰強言無, 何喧擾之可
喧, 何寂靜之可寂.

若知物我冥一, 彼此無非道場, 復何徇喧雜於人間, 散寂寞於
山谷.

하물며 대상경계의 만법(萬法)이 자신의 불법(佛法)과 하나
가 되면 모두가 허공(虛空)에서와 같이 자유자재로 생활하게
되어 심(心)과 심소(心所)가 적멸(寂滅)하여 본래부터 공(空)인
것인데 누군가는 억지로 망념(妄念)을 없애야 한다고 말하는데
어떻게 하여야 시끄러움이 진정한 시끄러움이며 어떻게 하여
야 열반적정이 올바른 열반적정이 되겠습니까?

만약에 물아(物我, 주객, 경계와 자아, 능소)가 명일(冥一,
一如, 하나 됨)이라는 사실을 깨달으면 어디에서나(彼此, 피안
과 차안, 고요한 산속이나 시끄러운 시장) 수행(修行)도량(道
場)이 아닌 곳이 없게 되는데 또 어찌하여 시끄러운 곳을 속
세의 인간들이 사는 곳이라고 주장하고 적막함은 산골에 있다
고 나눌 필요가 있겠습니까?

※ 해설 : 시작하였으니 좌계존자(左溪尊者)를 더욱더 궁지에
몰아넣어 꼼짝도 못하게 하고 있다.

한마디 더하면 "若知物我冥一" 이라고 하며 육근(六根)과
육진(六塵)이 하나 되는 경계지성(境界之性)의 경지가 되면 피
차(彼此)가 좌도량(坐道場)이 되는데 무엇 때문에 산속에서 같
이 살자고 하는 잘못된 가치관을 비판하고 있다.

是以釋動求靜者，憎枷愛杻也，離怨求親者，厭檻忻籠也.
若能慕寂於喧，市廛無非宴坐，徵違納順，怨債由來善友矣.
如是則劫奪毀辱，何曾非我本師，叫喚喧煩，無非寂滅.

　그러므로 번뇌 망념으로 시끄러운 곳을 버리고 적정(寂靜)한 곳을 구하는 수행자는 형틀은 싫어하며 족쇄를 좋아하는 것이 되고 원수를 미워하고 친한 사람만 좋아하는 수행자는 감옥(監獄)에 갇히는 것은 싫어하고 새장에 갇히는 것을 좋아하는 수행자가 됩니다.

　만약에 자신이 시끄러운 곳에서도 적정(寂靜)할 수 있다면 시장의 시끄러운 곳이 연좌(宴坐, 坐禪)하는 안락한 자리가 아닌 곳이 없게 되어 위경(違境)을 밝혀서(徵, 明) 순경(順境)으로 받아들일 수 있게 되면 원수거나 빚진 이도 본래는 좋은 친구였다는 것을 알게 되는 것입니다.

　이와 같으므로 도둑질하거나 비방하는 사람이 어찌 나의 본래 스승이 아닐 것이며 규환지옥(叫喚地獄)의 시끄러운 번뇌 망념(煩惱妄念)이 바로 적멸(寂滅, 열반, 궁극의 깨달음)이 아닌 것이 없는 것입니다.

※ 해설 : 세속의 도리(道理)로 번뇌망념(煩惱妄念)으로 시끄러운 곳을 버리고 적정(寂靜)한 곳을 구하는 수행자(修行者)는 진여의 지혜로 살아가는 것과는 어긋난 것이 된다.

　그러나 어디에서나 적정(寂靜)할 수 있다면 모든 사람들이 자신의 선지식(善知識)이 되고 좌도량(坐道場)이 아닌 곳이 없게 되는 것이다.

故知妙道無形, 萬像不乖其致, 真如寂滅, 眾響靡異其源.
迷之則見倒惑生, 悟之則違順無地.
闃寂非有, 緣會而能生, 峨嶷非無, 緣散而能滅.
滅既非滅, 以何滅滅, 生既非生, 以何生生.
生滅既虛, 實相常住矣.

　그러므로 묘도(妙道, 佛道, 佛法, 眞佛)가 무형(無形)이라는 사실을 깨달아 만상(萬象, 온갖 사물의 형상, 일체 법)을 불법(佛法)에 어긋나지 않게 보는 안목(眼目)을 구족하게 되면 진여의 지혜로 해탈의 세계에서 살아가게 되니 모든 명성(響, 名聲, 만법, 불법, 언어문자, 소리)의 그 근원이 다르지 않다는 것을 알게 되는 것입니다.

　그러나 이러한 사실을 알지 못하여 미혹(迷惑)하게 되면 견해가 전도(顚倒)되어 의혹(疑惑)이 생기게 되지만 이것을 자각(自覺)하게 되면 곧바로 위순(違順, 위경과 순경, 마음에 들고 들지 않음)이 없게 되는 것입니다.

　열반적정(涅槃寂靜)의 세계(闃寂)는 공(空, 非有)으로 만들어진 것이므로 인연법(因緣法)을 깨달으면 극락세계가 바로 이곳에서 생겨나게 되어 공덕(功德)을 베풀게 되고(非無, 不空) 인연법(因緣法)을 해결(散)하므로 인하여 바로 자신이 열반적정의 세계에 살게 되는 것입니다.

　망념(妄念)이 이미 사라져 해탈(解脫)하게 되면(非滅) 무슨 까닭으로 억지로 열반을 주장할 것이며 망념(妄念)이 이미 생겨도 생멸(生滅)하는 것이 아니라는 것을 알게 되면 무슨 까닭으로 번뇌망념(煩惱妄念)으로 윤회(生生)한다고 하겠습니까?

　생멸(生滅)이 이미 허공(虛)과 같이 청정(淸淨)하게 되면 실상(實相)의 세계에 상주(常住)하는 것을 알게 되는 것입니다.

※ 해설 : 만연구절(萬緣俱絶)이면 자연해탈(自然解脫)이니 만법(萬法)이 공(空)이라는 사실을 자각하면 당연히 해탈하게 되는 것이다.

그러므로 망념(妄念)이 없으면 열반(涅槃)도 주장할 필요가 없으니 생멸(生滅)하지 않는 세계(常住)에서 진여의 지혜로 살아가게 되어 삼계에서 윤회한다는 것도 없게 되는 것이다.

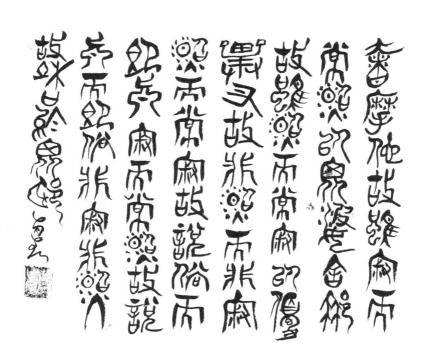

〔우필차〕

③ 승속(僧俗)을 벗어난 한도인(閑道人)으로 사는 법

是以定水滔滔, 何念塵而不洗, 智燈了了, 何惑霧而不祛.
乖之則六趣循環, 會之則三塗逈出.
如是則何不乘慧舟, 而遊法海, 而欲駕折軸於山谷者哉.

그러므로 정수(定水, 止水, 寂靜)를 계속하여 유지(滔滔)하게 되면 어떤 번뇌 망념이 깨끗하여지지 않을 것이며, 불법(佛法)을 계승(智燈)하여 차별분별이 없다는 것(了了)을 자각(自覺)하면 어떤 미혹(迷惑)의 안개(無明)인들 없애지 못하겠습니까?

이것을 어기면 곧바로 육취(六趣, 六道)에서 윤회(輪迴)하고, 깨달으면 곧바로 삼악도(三惡道, 三塗, 三途)에서 멀리 벗어나게 되는 것입니다.

이와 같은데도 어찌하여 지혜의 배(慧舟)를 타고 법해(法海)에서 유유자적(悠悠自適)하지 않고 천자(天子)의 수레를 쪼개어 산골에서만 살고자 하는 것입니까?

※ 해설 : 자성(自性)을 공(空)이라고 자각(自覺)하고 불법(佛法)에 따라 계율(戒律)에 맞게 살아가면 대상경계도 역시 공(空)하게 되니 무슨 번뇌망념(煩惱妄念)이 있을 수 있겠는가?

그리고 공(空)이라는 사실을 항상 자각(自覺)한다면 어떻게 망념(妄念)의 생사(生死)로 인하여 육도(六道)에 윤회(輪迴)할 것이며 삼세(三世)가 어디에 있겠는가?

천태에서 주장하는 공가중(空假中)에 맞게 수행하여도 삼악도(三惡道)에서 벗어나고 육도(六道)에서 윤회하지 않을 것인데 무엇 때문에 고집하여 산속에서 살려고만 하는 것이냐고 반문하고 있는 내용이다.

천자(天子)의 수레를 쪼갠다고 한 것은 누구나 부처인데 억지로 산골에서 벽지불(辟支佛, 緣覺)이나 소승(小乘)으로 살려고 하는 것이기에 천자의 수레를 쪼갠다고 한 것으로 보여 진다.

여기에서 영가(永嘉)가 말하고 있는 것은 신수(神秀, 606-706)가 주장하는 삼악도(三惡道)가 칠불통계게(七佛通戒偈)를 벗어나지 않는 것이므로 소승(小乘)의 수행에서 대승(大乘)으로 전환하여야 한다고 하는 것이고 육조혜능의 불법(佛法)을 계승하였다는 것을 강조하고 있는 부분이다.

천태에서 나왔지만 천태를 뛰어넘었다고 영가를 다시 강조하고 있는 것이라고 하는 것은 이 책을 제작한 이들이 그 당시의 불교(佛敎) 수행법을 사회에서 개혁(改革)하고자 하는 것을 나타내는 부분이라고 보기 때문이다.

故知物類紜紜, 其性自一, 靈源寂寂, 不照而知, 實相天真.

靈智非造, 人迷謂之失, 人悟謂之得, 得失在於人, 何關動靜
者乎.

譬夫未解乘舟, 而欲怨其水曲者哉.

若能妙識玄宗, 虛心冥契, 動靜常短(矩), 語默恒規, 寂爾有
歸, 恬然無間.

如是則乃可逍遙山谷, 放曠郊塵, 遊逸形儀, 寂怕心腑.

恬澹息於內, 蕭散揚於外, 其身兮若拘, 其心兮若泰.

現形容於寰宇, 潛幽靈於法界, 如是則應機有感, 適然無準矣.

그러므로 중생들이 복잡하고 어지러워도(紜紜) 그들의 자성
(自性)이 원래 진여(眞如)라는 사실을 자각(自覺)하면 근원(根
源)은 신령(神靈)하여 열반적적(涅槃寂寂)하므로 관조(觀照)하
여 깨달으려고 하지 않아도 실상(實相)이 천진(天眞, 불생불
멸)이라고 알게 되는 것입니다.

그리하여 신령(神靈)한 진여의 지혜는 조작(造作)이 없는 것
이지만 사람들이 미혹(迷惑)하여 실상(實相)을 알지 못하면 어
리석다고 하고 사람들이 이것을 깨달아 알면 영리하다고 하지
만 영리하고 우둔함은 사람에게 있는 것인데 어찌하여 동정
(動靜, 번잡하고 고요한 곳, 일상생활, 움직임과 멈춤)에 관계
가 있다고 하겠습니까?

비유하면 대체로 지혜의 배에 타는 것도 깨닫지 못하면서
그것을 원망(怨望)만 하는 것은 지혜(智慧)의 변두리에서 수행
(修行)하고 있는 수행자(修行者)인 것입니다.

만약에 현묘(玄妙)한 종지(宗旨)를 정확하게 깨달아 청정한
마음(虛心, 空心)이 되면 동정(動靜)이 항상 불법(矩, 佛法,
空)이 되고 어묵(語默)이 항상 미묘법(微妙法, 진여법)이라는

것을 깨닫게 되어 열반적정으로 돌아가 항상 편안한 경지(恬然, 寂靜, 解脫, 涅槃)에서 살아가게 되는 것입니다.

이와 같이 산골에서도 유유자적(逍遙)하게 살아갈 수 있으면 교외에서나 집안에서도 자유롭게 되어 모습이나 위의(威儀)에 구애받지 않고 살아도 마음은 항상 적정(寂靜)할 것입니다.

마음을 고요하고 담박(恬澹)하게 하여 안으로 망심(忘心)을 쉬고(息) 밖으로 구하고자 하는 마음에서 한가하고 자유롭게 생활하면 그 육신은 세상에서 구속된 것처럼 보이지만 그 마음은 어디에서도 태연(泰然)하게 되는 것입니다.(恬澹息於內, 蕭散揚於外, 其身兮若拘, 其心兮若泰.)

모습(形容)을 천지(天地)에 나타내지만 신령(神靈)한 본성(本性)은 법계(法界)에 잠재(潛在)하여 있는 것이니 이와 같이 하면 곧 근기(根機)에 따라 감응(感應)이 있는 것이지 고정된 기준(基準)은 없는 것입니다.(現形容於寰宇, 潛幽靈於法界, 如是則應機有感, 適然無準矣.)

※ 해설 : 대승(大乘)에서 설하는 무상심지계(無相心地戒)를 강조하는 것으로 반야의 지혜를 알지 못하면 자신이 지혜의 변두리에서 수행하는 것이라고 하는 것은 유상계(有相戒)의 한계점을 극복하여야 번뇌즉보리(煩惱卽菩提)가 되어 산골이나 도시의 번잡한 곳에서도 자유로울 수 있다고 설하고 있다.

즉 무상심지계(無相心地戒)에서 삼학(三學)은 마음에 망심(妄心)이 생기지 않게 하는 것을 자성(自性)의 계(戒)라고 하고 마음이 망심으로 산란함이 없는 것을 자성(自性)의 정(定)이라고 하고 마음에 어리석음이 없는 것을 지혜라고 하는 것인데 이것은 팔정도(八正道)에 맞게 수행하여야 한다는 것을 나타내고 있는 것이다.

그러므로 계(戒)는 정어(正語)·정업(正業)·정명(正命)이고 정(定)은 정념(正念)·정정진(正精進)·정정(正定)이며 혜(慧)는 정견(正見)·정사유(正思惟)를 말하는 것이므로 팔정도(八正道)에 맞게 수행(修行)하여야 하는 것이다.

　그리고 위산경책에서 설한 공덕(功德)과 같은 뜻으로 "마음을 고요하고 담박(恬澹)하게 하여 안으로 망심(忘心)을 쉰다.(息)"라는 것은 안으로 망념(妄念)을 극복하여야 공(功)이고 "밖으로 구하고자 하는 마음에서 한가하고 자유롭게 생활한다."라는 것은 밖으로는 공(空)을 실천하여 다툼이 없어야 덕(德)이라고 하는 것이므로 공덕(功德)을 설하고 있는 것이다.

　공덕(功德)을 실천하는 보살은 육바라밀(六波羅蜜)을 행하는 대승(大乘)의 수행자(修行者)이므로 "그 육신(肉身)은 세상에서 구속(拘束)된 것처럼 보이지만 그 마음은 어디에서도 태연(泰然)하게 되는 것이다."라고 하고 있는 것은 천태(天台)의 8조(祖)좌계존자(左溪尊者)가 아직도 산속에서 수행하며 자신을 나타내는 수행을 하고 있으니 빨리 대승(大乘)으로 전환하기를 간절히 바라며 이와 같이 기록하고 있는 것이다.

　우두법융(牛頭法融)이 사조(四祖)를 친견한 것은 "모습(形容)을 천지(天地)에 나타내지만 신령한 본성은 법계에 잠재(潛在)하여 있는 것이니 이와 같이 하면 곧 근기(根機)에 따라 감응(感應)이 있는 것이지 고정된 기준(基準)은 없는 것이다."라고 하고 있는 것과 같은 것으로 일반인들이 알아보지 못하여 공양을 올리지 않는다는 것과 같은 뜻이다.

因信略此, 餘更何申. 若非志朋, 安敢輕觸. 宴寂之暇, 時暫思量.

予必誑言, 無當看竟, 迴充紙燼耳.

不宣, 同友 玄覺 和南.

서신이므로 인하여 이와 같이 생략하오며 나머지는 다시 어떻게 설명하겠습니까?

만약에 같이 수행을 하는 벗이 아니면 감히 어떻게 경솔하게 이와 같이 하겠습니까?

편안하게 쉬는 시간이 있으시면 잠시 한번 사량(思量)하여 보십시오.

내가 틀림없이 허풍을 떤 것이 분명할 것이며 합당하지 않을 것이니 다 보시고 나면 편지는 태워버리시기 바랍니다.(予必誑言, 無當看竟, 迴充紙燼耳.)

이만 줄이면서 불법(佛法)으로 수행하는

수행자인 현각(玄覺) 화남(和南)

※ 해설 : 불교(佛敎)의 수행자이지만 아주 친한 도반이 아니면 어떻게 감히 천태의 8대 조사(祖師)에게 이와 같은 말을 할 수 있겠냐고 하고 있는 것은 시대적으로 큰 어려움이 있었다는 것을 암시하고 있는 것으로 볼 수 있다.

비유하면 지금과 같은 현대에도 신앙과 종교가 무엇인지조차도 모르고 있는 시절인 것처럼 많은 이들이 원하면 무엇이든 진리가 되는 것이기에 정의(正義)가 필요하지 않고 자신을 나타내고 교주(敎主)가 필요한 것이기에 아주 친한 도반이자 천태의 교주에게 서신으로 설하고 있는 것이다.

마지막으로 이 편지를 "편안하게 쉬는 시간이 있으시면 잠시 한번 사량(思量)하여 보십시오." 라고 하고 있는 것처럼 실제로 8조(祖)가 읽어 보았는지는 의심할 수 있다.

그리고는 더 이상 세상에서 논란이 될 필요가 없는 것이기에 "내가 틀림없이 허풍을 떤 것이 분명할 것이며 합당하지 않을 것이니 다 보시고 나면 편지는 태워버리시기 바랍니다." 라고 하는 것은 자신의 입장이 몰종적(沒蹤跡)이라는 것을 정확하게 나타내고 있다.

불법(佛法)을 설하는 것이지 자신을 나타내어 천태(天台)의 9조(祖)가 되기 위하여 편지를 쓰는 것이 아니라는 것을 강조하는 것이고 보살도를 실천하는 것이다.

10. 발원문〔發願文第十〕

1) 입전수수(入鄽垂手)하여 중생제도하기를 서원

稽首圓滿遍知覺, 寂靜平等本真源, 相好嚴特非有無, 慧明普照微塵刹.
稽首湛然真妙覺, 甚深十二修多羅, 非文非字非言詮, 一音隨類皆明了.
稽首清淨諸賢聖, 十方和合應真僧, 執持禁戒無有違, 振錫携瓶利含識.

나는 원만하고 완전한 깨달음인 적정(寂靜)하고 평등한 진원(眞源, 진리의 근원, 마음, 불심)을 체득(體得)하고 상호(相好)가 원만하고 특별하며 유무(有無)를 초월한 밝은 지혜(慧明)로 어디에서나 관조(觀照)하는 부처와 똑같이 살아가기를 서원(誓願)합니다.

나는 항상 하는 진실한 묘각(妙覺, 깨달음, 등각, 부처)의 원천인 미묘(甚深, 微妙)한 십이부경(十二部經, 경전을 12가지로 분류한 것, 대장경)과 언어문자나 언전(言詮)을 초월한 일음(一音, 圓音)의 설법을 하여 수행자(修行者)들의 근기(根機)에 따라 모두가 불법(佛法)에 맞게 정확하게 요달(了達)하여 살아가게 하기를 서원(誓願)합니다.

나는 청정한 모든 현성(賢聖)들과 같이 시방세계의 진여와 화합하는 진실한 수행자(眞僧)로 금계(禁戒)를 굳게 지켜서 어기지 않고 정병(淨瓶)과 촉병(觸瓶)을 가지고 입전수수(入塵垂手, 振錫)하여 일체중생들을 제도(濟度)하는 수행자로 살아가기를 서원(誓願)합니다.

※ 해설 : 발원문은 두 가지로 나눌 수 있는데 첫째는 삼보(三寶, 불법승)에 귀의 하는 것이고 두 번째는 서원(誓願)하는 것이다.

그리고 『永嘉禪宗集註』에 의하면 더 자세하게 10부문으로 나누어 설명하고 있다.

이 부분은 삼보(三寶)에 귀의하는 것으로 첫째는 부처로 살아가기를 서원하는 것으로 자성(自性)이 공(空)이라는 사실을 자각하여 관조하는 지혜를 구족하여 어디에서나 여래로 살아가고자 하는 서원(誓願)이다.

부처는 깨닫고 실천하는 이를 말하는데 『永嘉禪宗集註』에는 삼신(三身, 법신, 보신 화신)으로 자세하게 설하고 있다.

즉 법신(法身)은 '寂靜平等本眞源'이므로 열반적정이고 평등한 것을 설명한 것이고, '稽首圓滿遍知覺'은 법신(法身)으로 자각(自覺)하였기 때문에 귀명(歸命)이나 계수(稽首)라고 하는 것이므로 원만(圓滿)보신(報身)이 되는 것이다.

그리고 화신(化身)은 보신(報身)으로 중도(中道)를 명확하게 실천하는 것이므로 유무(有無)를 초월한 지혜를 구족한 부처로 살아가기를 서원한다고 번역한 것이다.

상호(相好)가 특별하고 원만하여 유무(有無)의 차별이 없다고 하는 것은 지금 어느 누구나 현신(現身)으로 해탈할 수 있기 때문이고 항상 어디에서나 지혜로 관조하기 때문에 '慧明普照微塵刹'이라고 하고 있다.

두 번째는 법(法)으로 법(法)을 능전(能詮)과 소전(所詮)으로 분류하는 것은 경전의 의미를 파악하고 아는 마음이 본성(本性)이므로 법신(法身)의 공덕(功德)이고 제법(諸法)의 본성(本性)을 나타내는 것이므로 소전(所詮)이라 한 것이고 능전(能詮)은 십이부경(十二部經)을 말하는 것인데 언어문자가 제법의 본성이 되는 것이므로 제불(諸佛)의 인지(因地)인 것이다.

법(法)은 쉽게 말하면 불법(佛法)이라고 일반적으로 알고 있는 것인데 불법(佛法)을 경전에 맞게 아는 것을 능전(能詮, 경전)과 소전(所詮, 경전의 뜻)으로 설한 것이므로 불법(佛法)에 맞게 살아가기를 서원(誓願)하는 것이다.

세 번째는 승가(僧伽)로 쉽게 풀이하면 어디에나 화합(和合)하는 것을 말하는 것이지만 진여(眞如)와 화합하는 것이고 다시 말하면 이사(理事)에 화합(和合)하여야 하는 것이다.

불법(佛法)에 맞게 생활하려고 하면 계율을 어기지 않고 불보(佛寶)와 법보(法寶)에 귀의하여 승가(僧伽)로 진여와 화합하여 입전수수(入鄽垂手)하며 살아가기를 서원(誓願)하는 것이다.

삼보(三寶)에 귀의하고 일체중생을 제도(濟度)하고자 하는 서원(誓願)을 하는 것이다.

卵生胎生及濕化, 有色無色想非想, 非有非無想雜類, 六道輪迴不暫停, 我今稽首歸三寶, 普爲眾生發道心.

群生沈淪苦海中, 願因諸佛法僧力, 慈悲方便拔諸苦, 不捨弘願濟含靈, 化力自在度無窮, 恒沙眾生成正覺.

난생(卵生)과 태생(胎生)과 습생(濕生)과 화생(化生) 그리고 유색(有色)과 무색(無色)이나 상(想)과 비상(非想) 그리고 비유비무상(非有非無想)등의 온갖 중생들이 육도(六道)에서 윤회하며 잠시도 멈추지 않고 살아가고 있으므로 내가 지금 삼보(三寶)에 머리 숙여 귀의(歸依)하오며 모든 중생들이 진여의 지혜로 살아가는 마음(道心)을 발심(發心)하기를 발원하옵니다.

또 많은 중생들이 고해(苦海)에서 벗어나지 못하고 윤회(輪迴)하고 있는데 원하오니 불법승(佛法僧) 삼보(三寶)를 의지하는 마음에 의한 자비의 방편력으로 모든 고통에서 벗어나게 하고 사홍서원을 버리지 않고 중생들을 제도하며 교화하는 능력(化力)이 자유자재하여 무궁무진하게 제도(濟度)하며 항하사의 중생들이 모두 정각(正覺)을 성취하게 되기를 발원합니다.

※ 해설 : 삼계(三界, 욕계, 색계, 무색계)에서 사생(四生)이 육도(六道)를 윤회하는 고통(苦痛)에서 벗어나고자 하면 무엇보다도 먼저 고(苦)의 원인을 제거(除去)해야 하는 것인데 외부의 중생들이 고통을 받지 않아야 한다고 발원하면서도 자신이 받는 고(苦)의 원인을 제거하려고하지 않는다면 부처를 비난하는 것이 된다.

그러므로 자성(自性)의 수많은 중생(衆生)과 모든 일체(一切)중생(衆生)이 삼보(三寶)에 귀의하여 윤회의 고통에서 벗어나 모두가 해탈하기를 서원해야 하는 것이다.

2) 불퇴전(不退轉)하기를 서원

說此偈已, 我復稽首歸依, 十方三世, 一切諸佛法僧前, 承三寶力, 志心發願, 修無上菩提, 契從今生, 至成正覺, 中間決定, 勤求不退.

이 게송을 설하고 나서 내가 다시 시방삼세의 일체(一切) 제불법승(諸佛法僧)전에 귀의하고 삼보(三寶)의 자비심을 계승(繼承)하기를 본심(本心)으로 발원하오니 무상보리(無上菩提, 菩提心, 불법의 지혜를 체득하여 최고의 깨달음을 성취하는 것)로 수행하되 금생(今生)에 정각(正覺)을 성취할 때까지 부지런히 정진(精進)하여 중간에서 영원히 물러나지 않기를 발원(發願)합니다.

※ 해설 : 불교에서 설하는 것은 모두가 금생(今生)에 정각(正覺)을 이루기를 서원(誓願)하는 것이고 전지전능(全知全能)한 부처가 되기를 추구하지 않는다는 것을 알아야 한다.
외도(外道)들의 유혹에 빠지지 않는 마음을 구족하여 정각(正覺)을 성취하고자하는 마음으로 정진(精進)하여 물러나지 않기를 서원(誓願)해야 하는 것이다.

未得道前, 身無橫病, 壽不中夭, 正命盡時, 不見惡相, 無諸
恐怖, 不生顚倒, 身無苦痛, 心不散亂.
　　正慧明了, 不經中陰, 不入地獄, 畜生餓鬼, 水陸空行, 天魔
外道, 幽冥鬼神, 一切雜形, 皆悉不受.

　　득도(得道, 완전한 깨달음)하기 전에는 몸에 뜻밖의 병(病,
心病)으로 수명(壽命)을 요절(夭折, 夭死)하지 않게 할 것이며
정명(正命, 팔정도의 하나)으로 살아갈 때에는 악상(惡相)을
보지 않을 것이며 모든 공포가 없어서 전도된 생각을 하지 않
을 것이며 육신에 고통이 없게 하여 마음이 산란하지 않기를
발원합니다.
　　정혜(正慧)를 분명하게 요달(明了)하여 중음(中陰, 사람이
죽고 나서 다음 생을 받을 때까지 형태)으로 살지 않고 지옥·
축생·아귀에 떨어지지 않을 것이고 물과 땅과 허공에서 다니
거나 천마외도(天魔外道)가 되거나 죽은 후에 보이지 않는 귀
신을 보는 등의 일체의 잡다한 모습으로 살아가지 않기를 발
원합니다.

　　※ 해설 : 정각(正覺)을 성취할 때까지 정진(精進)하려면 육신
(肉身)에 병(病)이 없어야 하고 육신의 병이 없으려면 올바른
마음을 가져야 하고 올바른 마음을 가지기 위해서는 전도(顚倒)
된 생각을 하지 않아야 한다.
　　경전에 의하면 출가한 사람은 사의법(四依法)에 의지하여
수행하여야 하는 것이므로 부란(腐爛)에 의지하면 일반적인 질
병은 스스로 치료할 수 있는 것이다.
　　사의법(四依法)은 경전에 많이 기록되어 있는데 아래에 아
주 일부분만 옮겨보았다.

『四分律行事鈔資持記』卷1(『大正藏』40, 161쪽. 중4):「二行四依(糞掃衣長乞食樹下坐腐爛藥. 此四種行入道之緣, 上根利器所依止故.)」

『四分律行事鈔簡正記』卷3(『卍續藏』43, 35쪽. 중16):「二行四依行者, 夫四依出世, 須行四依正行故, 次辨行四依, 故律云. 三乘行者, 通所資用. 一者糞掃衣(以蔽形故). 二長乞食故(以無飢故). 三樹下坐(以形覆故). 四腐藥(以治患故).」

『傳授三壇弘戒法儀』(『卍續藏』60, 622쪽. 중19):「第四依腐藥, 依此出得家, 受得具足戒, 成得比丘法. 於是中, 盡形壽能持否. (答云)能持.」

부란약은 승가에서 항상 사용하던 것인데 불법(佛法)을 파괴하려는 이들에 의하여 걸식과 부란약이 사라지게 되어 배설물(排泄物)은 나쁘다는 고정관념을 가지게 되어 황룡탕과 요료법이 사라지게 된 것이다.

출가 수행자들은 구족계를 받을 때에 육신의 질병은 부란약에 의지하여 치료할 것을 서약하는 것이고 마음의 병은 진여의 지혜로 생활하여 치료하기 때문에 삼악도(三惡道)에 떨어지지 않고 외도(外道)가 되지 않게 되는 것이다.

長得人身, 聰明正直, 不生惡國, 不値惡王, 不生邊地, 不受
貧苦.
　奴婢女形, 黃門二根, 黃髮黑齒, 頑愚暗鈍, 醜陋殘缺, 盲聾
瘖瘂, 凡是可惡, 畢竟不生.
　出處中國, 正信家生, 常得男身, 六根完具, 端正香潔, 無諸
垢穢.

　사람으로 태어나 대장부가 되어 총명(聰明)하고 정직(正直)
하면 악국(惡國)에 태어나지 않아 악왕(惡王)을 만나지 않고
변지(邊地)에 태어나지 않아 빈곤과 고통을 받지 않기를 발원
합니다.
　그리고 노비(奴婢)와 같이 작고 어린 모습, 내시(黃門, 內
侍, 宦官)와 같은 이근(二根, 利根과 鈍根)의 모습, 노인(黃髮)
과 흑치(黑齒)의 모습, 완미우둔(頑愚, 어리석은 바보)하고 암
둔(闇鈍, 어리석고 둔함)한 모습, 추한 모습(醜陋)과 온전하지
못한 모습(殘缺), 어리석고 무지하여(盲聾) 말을 하지 못하는
모습(瘖瘂)등 일반적으로 싫어하는 것이 필경(畢竟, 究竟)에
없기를 발원합니다.
　미혹에서 벗어나(出處) 바른 나라가 되게 하고 정법(正法)을
믿는 가정을 만들어 항상 건강한 대장부의 모습으로 육근(六
根)을 모두 구족(具足)하며 단정하고 청정하여 모든 번뇌망념
(煩惱妄念)이 없기를 발원합니다.

※ 해설 : '長得人身'을 사람 몸을 얻는다고 번역하여 윤회하는
것을 육신이나 영혼의 윤회로 오인(誤認)하는 경우가 있는데 이
것은 불법(佛法)과는 다른 것이다.
　그리고 악국(惡國)에 태어나는 것을 걱정하기 보다는 불법

(佛法)이 없는 세상에 태어난 것을 더 걱정해야 하는 것인데도 외도(外道)들은 아직도 태어난 숙명(宿命)을 극복하려고 하지 않고, 이생(已生)에 죽고 나서 미래의 다음 생을 걱정하는 윤회론자들은 무슨 생각으로 살아가는지 총칼이나 독약에도 죽지 않는 신통을 가져야 하는 유일신이 과연 존재나 가능한지 궁금하다.

선천적으로 태어난 육신의 장애를 극복하는 것도 중요하지만 여기에서는 정신적인 장애를 극복해야 올바른 무의도인(無依道人)으로 살아갈 수 있는 것이라고 생각된다.

그래서 여기에서 발원하고 있는 것은 사의법(四依法)으로 수행하고 진여의 지혜로 수행하면 항상 바르게 살게 된다는 것을 강조하고 있는 것이다.

志意和雅, 身安心靜, 不貪瞋癡, 三毒永斷, 不造衆惡, 恒思諸善.

不作王臣, 不爲使命, 不願榮飾, 安貧度世.

少欲知足, 不長畜積, 衣食供身, 不行偸盜.

不殺衆生, 不噉魚肉, 敬愛含識, 如我無異.

性行柔軟, 不求人過, 不稱己善, 不與物諍, 怨親平等, 不起分別.

不生憎愛, 他物不悕, 自財不恡, 不樂侵犯, 恒懷質直.

心不卒暴, 常樂謙下, 口無惡說, 身無惡行.

心不諂曲, 三業淸淨, 在處安隱, 無諸障難.

의지(意志)가 온화하고 고상하여 육신(肉身)이 안락하고 마음이 적정(寂靜)하여 탐진치(貪瞋痴)가 없고 삼독심(三毒心)을 영원히 끊어 악한 일을 하지 않고 항상 선(善)한 마음으로 살아가기를 발원합니다.

왕의 신하로 살아가지도 않고, 독자적이지 않은 삶(使命, 使臣)을 살지 않고, 부귀영화로 드러나게 장식하지 않고, 안빈낙도(安貧樂道)의 출세간의 삶을 살아가며 중생 제도(濟度)하기를 발원합니다.(不作王臣, 不爲使命, 不願榮飾, 安貧度世.)

소욕지족(少欲知足)의 생활을 하여 재산을 영원히 축적(蓄積)하려고 하지도 않고, 의식(衣食)은 법신(法身)을 공양(供養)하는 사사공양(四事供養)에 만족할 줄 알아서 도둑질을 할 필요가 없게 되기를 발원합니다.(少欲知足, 不長畜積, 衣食供身, 不行偸盜.)

중생들을 살생(殺生)하려는 마음이 없고 억압당하고 짓밟힌 사람들을 꾀려고 하는 마음을 가지지 않고 중생들을 공경(恭敬)하고 사랑하는 마음으로 제도(濟度)하기를 나 자신과 같이 생각하기를 발원합니다.(不殺衆生, 不噉魚肉, 敬愛含識, 如我無異.)

본성으로 수행(性行)하여 원만(柔軟, 圓滿)하게 살아가므로 타인의 과오(過誤, 과실, 허물)를 찾으려고 하지 않고 ,나의 선함(착함)을 칭찬(稱讚)하려고도 하지 않으니 사람(衆生, 중생)들과 다투지 않고, 원수거나 친한 이를 모두 평등하게 대하여 차별 분별하는 마음이 일어나지 않기를 발원합니다.(性行柔軟, 不求人過, 不稱己善, 不與物諍, 怨親平等, 不起分別.)

증오(憎惡)하고 애착하는 마음이 없고 타인의 재물을 원(願)하는 마음이 없고 자신의 재물(財)에 대하여 인색하지 않으며 타인의 것을 침범(侵犯)하는 것을 좋아하지 않고 항상 정직하게 살아가기를 발원합니다.(不生憎愛, 他物不悕, 自財不悋, 不樂侵犯, 恒懷質直.)

그리고 마음을 갑자기 졸렬하거나 난폭(亂暴)하게 변하게 하는 마음이 없고 항상 어디에서나 겸손하게 상락아정(常樂我淨)의 사덕(四德)을 실천하며 입으로는 악설(惡說)을 하는 구업(口業)을 짓지 않으며 몸으로는 악행(惡行)을 하지 않기를 발원합니다. *(신구의 삼업을 청정하게 하는 것.) (心不卒暴, 常樂謙下, 口無惡說, 身無惡行.)

그리하여 자신의 본심(本心, 佛心)으로 살며 아첨(阿諂)하는 마음이 없이 삼업(三業)을 청정하게 하여 수처작주(隨處作主)하고 어디에서나 안락한 진실한 삶을 살아서 모든 장애(障礙)나 재앙(災殃)이 사라지기를 발원합니다.(心不諂曲, 三業淸淨, 在處安隱, 無諸障難.)

※ 해설 : 여기에서는 조금 더 자세하게 무의도인(無依道人)으로 살아가는 법을 설하고 있다.

　탐진치(貪瞋癡)를 버리고 계정혜(戒定慧)의 삼학(三學)으로 살아가기 때문에 부귀영화를 누리려고 하지 않고 출세간의 삶을 살아가기를 서원하고 있다.

　본성(本性)으로 십선(十善)을 행하기 때문에 악업(惡業)을 받지 않게 되므로 망념(妄念)으로 어디에다 기도(祈禱)하는 신앙에 빠지지 않게 되어 이것을 보고 듣는 이들이 보리심을 발(發)하고 공(空)을 자각하여 고통 없이 수행하기를 서원하고 있다.

竊盜劫賊, 王法牢獄, 枷杖鉤鎖, 刀鎗箭槊.
猛獸毒蟲, 墮峯溺水, 火燒風飄, 靁驚霹靂.
樹折巖頹, 堂崩棟朽, 摑打怖畏, 趁逐圍繞.
執捉繫縛, 加誣毀謗, 橫註鉤牽, 凡諸難事, 一切不受.

즉 절도(竊盜)하다가 도적(盜賊)이 되거나 국법을 어겨 감옥에 가서 형틀이나 곤장과 족쇄 그리고 칼이나 창·화살 등의 고통을 받지 않기를 발원합니다.

맹수(猛獸)나 독충(毒蟲) 그리고 높은데서 떨어지거나 깊은 물에 빠지거나 화재를 당하거나 사나운 풍류(風流)에 빠져 천둥번개나 우레의 고통을 받지 않기를 발원합니다.

큰 나무가 부러져 다치거나 바위가 무너져 치이거나 또 서까래가 부러지고 집이 무너지거나 또 몽둥이로 맞는 공포(恐怖)로 두려워하는 것이나 악인(惡人)에게 쫓기거나 둘러싸이는 두려움의 고통을 받지 않기를 발원합니다.

죄수로서 붙잡혀 매달리는 것과 무고하게 비방당하는 것과 억울하게 누명을 쓰고 잡혀가는 것 등의 일반적인 모든 재앙을 모두 받지 않기를 발원합니다.

※ 해설 : 삼업(三業)을 청정하게 하면 삼재(三災)팔난(八難)을 만나지 않게 되는 것이나 숙업(宿業)을 청정하게 하지 않았다면 삼보(三寶)에 귀의하면 일체의 장애가 없게 되는 것이라고 설하고 있다.

惡鬼飛災, 天行毒癘, 邪魔魍魎, 若河若海, 崇山穹嶽, 居止樹神, 凡是靈祇, 聞我名者, 見我形者, 發菩提心, 悉相覆護, 不相侵惱, 晝夜安隱, 無諸驚懼.

악귀(惡鬼, 악한 짓을 하는 사람)에 의한 뜻밖의 재앙이나, 유행하는 지독한 질병(毒癘)과 수행을 방해하는 삿된 견해를 가진 특이한 망념(妄念) 때문에 강이나 바다에서 기도하기도 하고, 큰 산의 산신을 숭배(崇拜)하거나 나무에 귀신이 살고 있다고 하며, 일반적으로 신령한 것들이라고 주장하는 이들이 나의 법(法, 名)을 듣거나 내가 행주좌와(行住坐臥)하는 것을 보면 보리심(菩提心)을 발원(發願)하게 되고, 자신의 본성(本性, 相)이 공(空)이라는 사실을 깨닫게 되어 도리어 호지(護持)하며 본성이 아닌 것 때문에 불법(佛法)을 위배하여 고통받지 않고 밤낮(晝夜)으로 안락(安隱, 安樂)하여 악귀나 질병 망념 때문에 두려워하거나 놀라는 일이 전혀 없게 되기를 발원합니다.

※ 해설 : 출가한 비구는 사의법(四依法)에 의지하여 정법(正法)으로 수행하면 사견(邪見)이 없게 되는 것이다.
　그러므로 외도(外道)들도 불법(佛法)을 청문(聽聞)하고 친견(親見)하면 보리심(菩提心)을 발하고 본성(本性)이 공(空)이라는 사실을 알게 되면 일체의 재앙(災殃)때문에 불안(不安)해 하지 않게 되는 것이다.

四大康強, 六根清淨, 不染六塵, 心無亂想, 不有昏滯, 不生斷見, 不著空有, 遠離諸相, 信奉能仁.

不執己見, 悟解明了, 生生修習, 正慧堅固, 不被魔攝, 大命終時, 安然快樂, 捨身受身, 無有怨對, 一切眾生, 同為善友.

사대(四大)가 안락하고 강건하여 육근(六根)이 청정(淸淨)하니 육진(六塵)에 오염되지 않게 되어 마음에 산란한 생각이 없어서 혼침(昏沈)에 빠지지 않고 단견(斷見)에 떨어지지 않으며 공(空)과 유(有)에 대한 집착을 하지 않고 청정하게 되어 차별 분별 하는 마음을 모두 버리고 부처(能人)의 가르침을 확신하여 실천하기를 발원합니다.

자신의 견해(見解)에 집착하지 않고 자성(自性, 자기의 본성)이 불성(佛性)이라는 사실을 깨달아(悟解) 분명하게 요달(明了)하면 망념(妄念)이 계속하여 일어나는 것(生生)마다 본성(本性)으로 훈습(修習)하며 진여의 지혜(正慧)가 견고하게 되어 마장(魔障)에 빠지지 않게 되고, 자신의 사상(四相)인 중생심을 모두 버리면 마음이 안정되어 극락세계가 되어 자신의 육신(肉身)에 대한 애착(愛着)을 버리고 법신(法身)으로 받들어 중생(眾生)들을 위하여 자비(慈悲)를 실천하여 상대(相對)를 원망하는 마음 없이 일체(一切)중생(眾生)을 선지식(善知識, 부처)과 동등하게 알게 되기를 발원합니다.

※ 해설 : 불법(佛法)에 맞게 사의법(四依法)을 실천하면 육근(六根)이 청정하니 육진(六塵)이 청정하고 육식(六識)이 청정하게 되므로 항상 혼침(昏沈)과 단견(斷見)에 떨어지지 않고 진여의 지혜로 살아가기를 발원하는 것이다.

그리고 자성(自性)이 공(空)이라는 것을 친견하여 다시는 중생심의 생사(生死, 마음이 생하고 사라짐)에 떨어지지 않고 진여의 지혜를 확신하여 중생심이 불심(佛心)과 동등하다는 사실을 알고 일체중생을 선지식(善知識)으로 알게 되기를 발원하고 있다.

사대(四大) 육신(肉身)이 건강하면 정신도 건강하게 된다고 하는 것은 정신이 왜곡되지 않은 출가 수행자를 말하는 것이고 공(空)을 모르는 이들은 공(空)을 알아야 정신이 청정하게 되어 마음이 청정하여야 사대가 안정이 되는 것이다.

자신의 사상(四相)인 인아(人我)법상(法相)으로 인한 중생심을 버리면 모두가 선지식이 되는 것이 불법(佛法)이고 화쟁(和諍)사상(思想)이 되는 것이다.

왜냐하면 먼저 자신을 부처라고 깨닫는 것이고 그 다음은 타인을 부처라고 깨닫는 것이다.

자신을 부처라고 깨닫는 것이 제일 쉬운 것이고 그 다음 타인을 부처로 아는 것을 두고 경전에도 방편으로 삼세(三世)를 사용한 것이므로 다음 단에 번뇌망념이 일어날 때마다 부처를 친견하게 되는 것이다.

所生之處, 値佛聞法, 童真出家, 為僧和合, 身身之服, 不離
袈裟, 食食之器, 不乖盂鉢, 道心堅固, 不生憍慢.
敬重三寶, 常修梵行, 親近明師, 隨善知識, 深信正法, 勤行
六度, 讀誦大乘, 行道禮拜.
妙味香花, 音聲讚唄, 燈燭臺觀, 山海林泉, 空中平地, 世間
所有, 微塵已上, 悉持供養, 合集功德, 迴助菩提.

번뇌망념(煩惱妄念)이 생사(生死)할 때마다 부처를 만나게
되고 불법(佛法)을 듣게 되어 어린아이와 같은 마음으로 출가
(出家)하여 진여(眞如)와 화합하는 승가(僧伽)에 살게 되고 육
신(肉身)에 입는 옷마다 사위의(四威儀)를 어기지 않아 가사
(袈裟)가 되고 음식을 먹는 그릇마다 발우로 공양(供養)하는
계율(戒律)을 어기지 않아 도심(道心)이 견고(堅固)하여 교만
(憍慢, 거만하고 나태함)한 마음이 없기를 발원합니다.
삼보(三寶)를 공경하며 항상 청정(淸淨)하게 수행(梵行)하고
현명한 스승을 가까이 하여 선지식(善知識)을 따르며 정법(正
法)을 깊이 믿고 항상 부지런히 육바라밀(六波羅蜜)을 행하고
대승(大乘)경전(經典)을 독송(讀誦)하며 불법(佛法)에 맞게 예
배(禮拜)하기를 발원합니다.
좋은 음식과 향기로운 꽃(香花)이나 음성(音聲)으로 부처님
의 덕을 찬탄하고 등불이나 촛불로 불당(佛堂)을 밝혀 관조(觀
照)하며 산과 바다와 숲에서 나오는 것(泉)이나 공중(空中)이
나 평지(平地)에 있는 세간에서 소유하는 모든 것들을 가지고
와서 공양(供養)을 하면 모두 공덕(功德)이 되어 보리(菩提,
무상보리, 정각, 진여의 지혜)를 모두 성취하기를 발원합니다.

※ 해설 : 출가(出家)하여 자성(自性)이 공(空)임을 친견하면 번뇌즉보리(煩惱卽菩提)가 되어 대상경계가 모두 불법(佛法)이 되는 수행자로서 항상 삼학(三學)에 맞게 불퇴전(不退轉)하기를 서원하는 것이다.

번뇌가 보리라고 알 수 있는 것은 자신의 자성이 공(空)이라는 사실을 자각하여야 되는 것이므로 불법(佛法)을 알고 불법(佛法)에 맞게 수행하여야 하는 것을 사위의(四威儀)가 불법(佛法)의 계율에 맞게 수행하여야 하는 것이다.

출가하여 삼보(三寶)를 공경하고 선지식의 가르침을 의지하고 육바라밀을 실천하는 대승보살로서 살아가기를 발원하는 것이다.

출가 수행자로서 보살도를 실천하여 항상 공덕이 되는 진여의 지혜가 구족되기를 발원하고 있는 것이다.

252

思惟了義, 志樂間靜, 淸素寂默, 不愛喧擾.
不樂群居, 常好獨處, 一切無求, 專心定慧.
六通具足, 化度衆生, 隨心所願, 自在無礙.
萬行成就, 精妙無窮, 正直圓明, 志成佛道.

요의경(了義經, 진여의 지혜를 바로설한 대승경전)으로 사유 (思惟)하고 본심으로 극락세계에서 적정(寂靜)하게 살아가면서 청빈(淸貧)하고 적묵(寂默)하며 시끄럽게 요란(喧擾)한 것을 좋아하지 않기를 발원합니다.

많은 군중들을 차지하는 것도 좋아하지 않고 항상 세속에서 세속을 벗어나 출세간(出世間)의 삶을 살아가며 일체(一切)를 향외치구(向外馳求)하는 것 없이 오로지 정혜(定慧, 선정과 지혜)로 살아가기를 발원합니다.

육신통(六神通)을 구족하여 중생(衆生)을 제도(濟度)하고 곧 바로 마음에서 대상(對相)으로 소원(所願)하는 것에서 자유롭 게 되어 아무런 장애(障礙)가 없기를 발원합니다.

만행(萬行, 일체를 본성으로 수행할 줄 아는 것)을 성취하여 정묘(精妙)함이 궁극에 이르게 되어 정직하고 원만(圓滿)하여 분명(圓明)하게 본심(本心)으로 성불(成佛)하여 무의도인(無依 道人)으로 살아가기를 발원합니다.

※ 해설 : 정법(正法)으로 사유(思惟)하는 것은 본심(本心)으로 불법(佛法)에 맞게 살아가기를 서원하는 것이고 시끄럽고 요란 하게 살아가지 않기를 발원하는 것은 경계지성(境界之性)이 되 어 촉목(囑目)보리(菩提)가 되기를 발원하는 것이다.

교주(教主)로서 살아가기를 바라는 것이 아니고 출세간에서 한도인(閑道人)으로 향외치구(向外馳求)하지 않고 생활하기를 발원하는 것이다.

 육신통(六神通)을 정확하게 체득하여 일체에서 걸림 없이 수행하기를 발원하고 있다.

 그리하여 만행(萬行)을 성취하여 어디에서나 무의도인(無依道人)으로 살아가기를 발원하고 있다.

寬腸大肚孰齊肩　活似鵬搏萬里天
觀彼飄然遐擧處　四生爲子宅三千

3) 공덕(功德)으로 회향하기를 서원

願以此善根, 普及十方界, 上窮有頂, 下極風輪, 天上人間,
六道諸身, 一切含識, 我所有功德, 悉與眾生共.
盡於微塵劫, 不惟一眾生, 隨我有善根, 普皆充薰飾.

원하오니 이와 같은 선근(善根)의 공덕(功德)이 시방세계에
모두 알려져 실행되어 위로는 유정천(有頂天)에까지 이르고
아래로는 풍륜(風輪)에까지 미치게 되어 천상의 인간과 육도
(六道)의 모든 사람과 일체의 중생들에게 나의 모든 공덕(功
德)을 남김없이(悉) 모두 중생들에게 회향(廻向)하여 함께하기
를 발원합니다.
미진겁(微塵劫)이 다하도록 오로지 한 중생뿐만 아니라 나
에게 있는 선근(善根)의 공덕에 의하여(隨) 모든 중생들이 충
분히(充) 훈습(薰習)되기를 발원합니다.

※ 해설 : 자신이 행하는 선근 공덕이 일체중생들에게 까지 미치
게 되어 모든 중생들이 보리심을 발(發)하기를 서원하고 있다.
이것은 자신이 한도인 되어야 한다는 것을 말하는 것이며
또 일체중생을 제도하겠다는 서원(誓願)인과 동시에 극락정토
를 서원하는 아미타불과 같은 대원(大願)을 발원하고 있는 것
이다. 어느 누구나 이와 같은 발원을 하여야 지금 바로 극락
세계에 왕생하게 된다는 것을 강조하고 있는 부분으로 모든
사람은 평등하고 고귀하다는 천상천하유아독존(天上天下唯我
獨尊)이라는 근본사상을 계승하고 있다고 볼 수 있다.

地獄中苦惱, 南無佛法僧, 稱佛法僧名, 願皆蒙解脫.
餓鬼中苦惱, 南無佛法僧, 稱佛法僧名, 願皆蒙解脫.
畜生中苦惱, 南無佛法僧, 稱佛法僧名, 願皆蒙解脫.
天人阿修羅, 恒沙諸含識, 八苦相煎迫, 南無佛法僧, 因我此善根, 普免諸纏縛.

지옥에서 고뇌(苦惱)하고 있는 중생들이 불법승(佛法僧) 삼보(三寶)에 귀의하여 불법승(佛法僧) 삼보(三寶)의 이름만 불러도 이 공덕(功德)으로 모두가 해탈하게 하기를 서원(誓願)합니다.

아귀(餓鬼, 탐욕이 아주 많은 사람)에서 고뇌(苦惱)하고 있는 중생들이 불법승(佛法僧) 삼보(三寶)에 귀의하여 불법승(佛法僧) 삼보(三寶)의 이름만 불러도 이 공덕(功德)으로 모두가 해탈(解脫)하게 하기를 서원(誓願)합니다.

축생(畜生, 지식만 있고 지혜가 없는 사람)에서 고뇌(苦惱)하고 있는 중생들이 불법승(佛法僧) 삼보(三寶)에 귀의하여 불법승(佛法僧) 삼보(三寶)의 이름만 불러도 이 공덕(功德)으로 모두가 해탈(解脫)하기를 서원(誓願)합니다.

천인(天人)이나 아수라(阿修羅)와 항하사의 모든 중생들이 팔고(八苦)를 서로 받으면서 몹시 마음 졸이며 살아가더라도 불법승(佛法僧) 삼보(三寶)에 귀의하기만 하면 나의 이 선근(善根)의 공덕(功德)으로 인하여 모두가 모든 속박에서 벗어나게 되기를 서원합니다.

※ 해설 : 자신의 선근(善根)공덕(功德)으로 삼악도(三惡道)와 천인(天人)과 수라 등이 받는 육도(六道)에서 모두가 해탈하여 살아가기를 발원하고 있다.

  삼악도(三惡道)와 삼선도(三善道)에서 모두 벗어나서 한도인으로 살아가기를 발원하는 것이라고 보는 것이 좋을 것이다.

南無三世佛, 南無修多羅, 菩薩聲聞僧, 微塵諸聖眾, 不捨本慈悲, 攝受群生類, 盡空諸含識.

歸依佛法僧, 離苦出三塗, 疾得超三界, 各發菩提心, 晝夜行般若, 生生勤精進, 常如救頭然(燃), 先得菩提時, 誓願相度脫.

我行道禮拜, 我誦經念佛, 我修戒定慧, 南無佛法僧, 普願諸眾生, 悉皆成佛道.

我等諸含識, 堅固求菩提, 頂禮佛法僧, 願早成正覺.

삼세(三世)의 제불(諸佛)에게 귀의하고 수다라(修多羅, 대승경전)와 보살과 성문승(聲聞僧)과 수많은 모든 성자들에게 귀의하여 본래의 자비심을 버리거나 집착하지 않고 모든 중생들을 섭수(攝受, 선(善)한 중생을 제도)하여 일체중생이 다할 때까지 제도(濟度)하기를 서원합니다.

불법승(佛法僧) 삼보(三寶)에 귀의하여 고해(苦海)에서 벗어나 삼악도(三惡道)에서 출세(出世)하고 빨리 삼계(三界)에서 벗어나 각자가 보리심(菩提心)을 발원하여 항상 반야(般若)의 지혜로 수행(修行)하고 번뇌 망념이 날 때마다(生生) 부지런히 정진(精進)하기를 항상 머리에 붙은 불을 끄듯이 하고 먼저 보리심(菩提心)을 체득하면 서로 서로 모든 중생을 제도(濟度)하고 해탈(解脫)하기를 서원합니다.

내가 행도(行道)하고 예배(禮拜)하며 내가 송경(誦經)하고 염불(念佛)하며 내가 계정혜(戒定慧) 삼학(三學)에 맞게 수행하고 불법승(佛法僧) 삼보(三寶)에 귀의하여 공덕(功德)으로 회향(廻向)하오니 모든 중생들이 모두 성불(成佛)하여 무의도인(無依道人)으로 살아가기를 서원합니다.

나와 모든 중생들이 한결같이 견고한(堅固) 보리심(菩提心)을 구하여 불법승(佛法僧) 삼보(三寶)에 예배하고 빨리 정각

(正覺)을 성취하기를 서원합니다.

※ 해설 : 발원문의 마지막 부분에까지 삼세의 부처와 대승경전
과 일체의 성현들에게 귀의하는 것은 누구나 가지고 있는 본심
을 찾아서 각자가 보살도를 실천하는 불퇴전(不退轉)의 불국토
를 염원하고 있는 것이다.
　여기에서 일반적으로 주어를 앞부분의 '盡空諸含識' 으로
하는데도 주어가 없이 귀의 하는 것으로 번역을 한 것은 출세
(出世)하고나서도 육바라밀을 실천하지 않는 보살이 되지 않기
를 바라는 마음에서 '盡空諸含識' 을 앞에 넣었고, 또 영가자
신이 삼보(三寶)에 귀의하는 것을 말하는 것인데 마지막에까지
이렇게 하는 것을 사람들이 인정하기 싫어서 모든 중생들이
삼보에 귀의하는 발원을 하는 것으로 생각된다.
　여기에서 발원하는 것은 자신이 항상 삼보(三寶)에 귀의하
는 보살로서 육바라밀(六波羅蜜)을 실천하고 일체중생을 제도
(濟度)하고 해탈(解脫)하기를 서원하고 있는 것이다.
　그리고 마지막에도 삼학(三學)으로 수행하고 삼보(三寶)에
귀의하여 불퇴전(不退轉)하는 무의도인(無依道人)으로 조도(鳥
道)의 삶을 살아가기를 발원하고 있다.

【찾아보기 – 가나다순】

260

선종영가집 해설

譯　註 | 良志
禪書畵 | 南靑　林成順

發行日 | 2020年 10月 30日
發行處 | 남청출판사
경남 김해시 김해대로 1017번길 54호 (우)50850
전화 055)345-9852 / 010-3856-9852
ISBN 979-11-965143-3-4 93220
값 15,000원

우편으로 책을 구입하실 경우 아래 온라인 계좌를 이용해 주십시오.
농협 351-1037-4373-13 (남청출판사)